일러두기

- IUCN(세계자연보전연맹: 세계의 자원과 자연 보호를 위해 설립된 세계 최대 규모의 환경 보호 관련 국제기구)은 50년이 넘는 기간 동안 140,000여 종의 생물들을 등록하고 전 세계적 분포를 고려하여 멸종 위협을 평가하고 있습니다. 이를 토대로 IUCN은 〈절멸〉, 〈야생절멸〉, 〈위급〉, 〈위기〉, 〈취약〉, 〈준위협〉, 〈최소관심〉, 〈정보부족〉, 〈미평가〉 등으로 나누어 평가하고 있습니다.

- 이 책은 IUCN의 기준에 의거하여 이미 절멸된 생물은 제외한 후 멸종 위기 생물을 어린이들의 눈높이에 맞게 다시 설정하여 〈야생절멸〉, 〈위급〉, 〈위기〉, 〈취약〉, 〈관심: IUCN의 준위협 이하 생물〉 등 5가지 등급으로 나누었습니다.

    〈야생절멸〉: 야생보호구역, 동물원 같은 제한된 서식지에만 존재하는 종
    〈위급〉: 야생에서 절멸할 가능성이 대단히 높은 종
    〈위기〉: 야생에서 절멸할 가능성이 높은 종
    〈취약〉: 야생에서 절멸 위기에 처할 가능성이 높은 종
    〈관심〉: 보전 조치가 없다면 가까운 장래에 멸종 위협을 받을 수 있는 종

- IUCN 기준에 〈미평가〉에 해당하지만 우리나라에서는 〈멸종위기 I 급〉과 〈멸종 위기 II 급〉으로 나뉘어 보호하는 생물은 그 구분 기준에 따라 이 책에서는 〈위급〉과 〈취약〉으로 표기하였습니다.

- IUCN과 우리나라 환경부 지정 멸종 위기 등급이 함께 존재할 때에는 IUCN 기준을 우선으로 하였습니다.

안녕하세요? 친구들!
저희는 에.그.박.사입니다!

웅박사　　**에그박사**　　**양박사**

요즘은 꿀벌을 보기 어렵다고 많이들 이야기해요. 만약 꿀벌이 사라진다면 당장 예쁜 꽃을 볼 수 없고요, 맛있는 과일을 먹을 수도 없어요. 꿀벌이 점점 사라지는 이유엔 농약의 특정 성분 때문이다, 기후 변화 때문이다 등 말들이 많아요. 하지만 분명한 건 우리 인간들 때문에 점점 자취를 감추고 있다는 거예요. 지금은 흔히 볼 수 있지만 시간이 조금 지난 후엔 정말로 멸종 위기종이 된 꿀벌을 만나게 될지도 모르죠.

여우가 정말 멸종 위기라고?!

꿀벌보다 조금 빨리 위험에 빠진 60종의 멸종 위기 생물들이 이 책에 담겨 있어요. '사향노루'는 고급 향수를 만드는 데 필요한 아주 독특한 향기 때문에 멸종 위기종이 되었고, '수원청개구리'는 우리가 쌀을 너무 안 먹어서 그만 위험에 빠졌어요. 귀여운 '황제펭귄'은 기후변화로 인해 해빙이 점점 사라져서 살 곳을 잃어 가고 있어요.

이 책은 이렇게 멸종 위기에 내몰린 생물들을 기억하기 위해 쓰게 되었어요. 멸종 위기 상황에 내몰릴 수밖에 없는 웃기지만 안타깝고 슬픈 사연을 다루고 있지요. 그들이 왜 위험에 처했는지, 지금은 어떻게 살아가고 있는지를 알게 된다면 우리가 앞으로 생물들을 어떻게 보호하고 지켜 나가야 하는지도 분명 알 수 있을 거예요.

그럼, 지구에 있는 모든 생물이 행복해질 때까지 에그박사와 함께해요!

에그박사

어쩌면 사라질 사파리를 들어가면서

우리가 사는 지구에는 과연 몇 종의 생물이 살고 있을까요? 학자들은 약 870만 종으로 추정하는데요, 이 숫자는 지구가 탄생한 이후에 살았던 생물의 1%밖에 되지 않는답니다. 그럼, 나머지 99%는 어디로 사라졌을까요?

지구에는 생명체가 생겨난 이후 지금까지 다섯 번의 대멸종이 있었어요. 소행성 충돌, 화산 폭발, 기후 변화 등의 자연재해로 인해 생물이 대규모로 멸종했지요. 여러분이 화석으로 만나는 삼엽충, 공룡, 매머드 같은 동물들이 바로 그렇게 사라진 거예요.

그런데 그거 아세요? 어쩌면 지금 이 순간, 여섯 번째 대규모 멸종이 진행 중일 수도 있다는 사실을요. 이미 1만여 년 전부터 생물이 빠르게 멸종하고 있고, 1970년대 이후로는 전 세계 야생 생물의 3분의 2가 줄어들 정도로 속도가 빨라지고 있거든요.

대표적으로 '북부흰코뿔소'는 뿔을 약이나 장식품 재료로 쓰기 위해 마구잡이로 잡아서 딱 두 마리만 남았고요. '큰철갑상어'는 최고급 식재료인 캐비아를 얻기 위해, '유럽밍크'는 모피 코트를 위해, '서부로랜드고릴라'는 휴대 전화에 사용하는 탄탈럼을 얻기 위해 사라지고 있어요. '황제펭귄'은 지구 온난화, '가시고기'는 수질 오염, '두루미'는 전봇대 때문에 멸종 위기를 맞고 있지요. 그 외에도 수많은 생물이 인간 때문에 지구에서 자취를 감추고 있어요. 만약 이대로 멸종이 진행된다면, 이 생물들은 사진이나 영상으로만 볼 수 있는 전설의 생물이 될지도 몰라요.

『에그박사의 어쩌면 사라질 사파리』에는 지구 곳곳에서 인간에게 살려 달라고 울부짖는 60가지의 생물을 만날 수 있어요. 이 생물들의 구슬픈 외침에 귀 기울여 주시겠어요? 여러분의 관심과 행동이 지구의 여섯 번째 대규모 멸종을 막는 첫걸음이 될 거예요.

자, 마음 단단히 먹고 '어쩌면 사라질 사파리'로 출발해 보자고요!

예영

추천사

엄지 척을 드립니다!

와~ 이렇게 다양한 생물들이 다양한 사연으로 사라지고 있다는 게 참 슬픈 일이에요.ㅠㅠ 그래도 이 책에 적힌 멸종 위기가 된 이유를 알아보면서 생물들을 더 소중하게 대할 수 있어 굉장히 유익한 것 같아요~!
▶ 정브르

지구상에 살아가는 수많은 생물 중 환경 파괴 외 밀렵 등으로 매년 수십에서 수백 종의 생물이 멸종되어 사라져 갑니다. 지금, 현재도 아직 멸종되진 않았지만 멸종 위기에 처한 많은 생물이 있습니다. 이 책을 통해 멸종 위기종에 대해 조금 더 관심을 가지고 이해할 수 있는 계기가 될 것 같습니다.
▶ TV생물도감

동물과 사람이 함께 나아가야 할 방향을 잡아 주는 길잡이 도서! 이 책은 어쩌면 무겁고 딱딱한 이야기들을 쉽고 재밌게 풀어 아이들에게 멸종 위기종에 대한 지식을 잘 전하고 또 깊이 생각할 수 있게 하는 책이에요. 멸종 위기종 수달과 함께하는 '이웃집수달'이 강력 추천하는 필독 도서! 동물을 아끼고 사랑하는 어린이들은 이 책을 꼭 펼쳐 보세요.
▶ 이웃집수달

차 례

정글관

안타깝게도 우리나라에서만 멸종 위기야.

북부흰코뿔소 • 12
에티오피아늑대 • 14
사불상 • 16
아프리카야생당나귀 • 18
천산갑 • 20
서부로랜드고릴라 • 22
반달가슴곰 • 24
사향노루 • 26
여우 • 28
시베리아호랑이 • 30
흰손긴팔원숭이 • 32
피그미하마 • 34
쿼카 • 36
오카피 • 38
유럽밍크 • 40
수마트라오랑우탄 • 42
사이가산양 • 44

감히 우리를 위협해?

숲속관

대모잠자리 • 48
창언조롱박딱정벌레 • 50
은줄팔랑나비 • 52
붉은박쥐 • 54
하늘다람쥐 • 56
로드하우대벌레 • 58
참달팽이 • 60
수원청개구리 • 62
맹꽁이 • 64
비단벌레 • 66
닻무늬길앞잡이 • 68

아니, 폐광마저….

너무 아름다워서 멸종되다니~

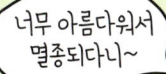

맹~맹~
맹~

물속관

메리강거북 ○ 72
인도가비알 ○ 74
가시고기 ○ 76
꺽저기 ○ 78
칼세오리옆새우 ○ 80
양쯔강악어 ○ 82
흰수마자 ○ 84
한강납줄개 ○ 86
꾸구리 ○ 88
붉은발말똥게 ○ 90
큰철갑상어 ○ 92
토토아바 ○ 94
갯게 ○ 96
백상아리 ○ 98
바키타돌고래 ○ 100
황제펭귄 ○ 102
붉은바다거북 ○ 104

하늘관

- 넓적부리도요 ○ 108
- 따오기 ○ 110
- 까막딱따구리 ○ 112
- 뿔쇠오리 ○ 114
- 스픽스마코앵무 ○ 116
- 괌물총새 ○ 118
- 레이산오리 ○ 120
- 꿀빨이새 ○ 122
- 캘리포니아콘도르 ○ 124
- 뿔제비갈매기 ○ 126
- 노랑부리백로 ○ 128
- 카카포 ○ 130
- 먹황새 ○ 132
- 두루미 ○ 134
- 저어새 ○ 136

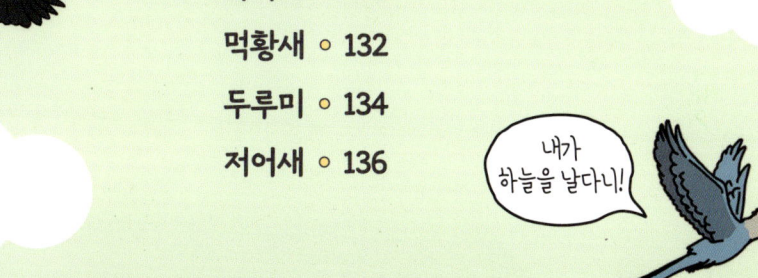

생물 이름 가로세로 낱말 퍼즐 ○ 138

북부흰코뿔소
에티오피아늑대
사불상
아프리카야생당나귀
천산갑
서부로랜드고릴라
반달가슴곰
사향노루
여우
시베리아호랑이
흰손긴팔원숭이
피그미하마
쿼카
오카피
유럽밍크
수마트라오랑우탄
사이가산양

위험한 녀석들의 더 위험한 생존 현장

정글관

멸종 위기 생물의 뜻밖의 소식
암컷만 남은 북부흰코뿔소의 멸종 막기!

혹시 알고 있니? 북부흰코뿔소는 아프리카 전역을 누비던 동물인데 지금은 지구상에 단 두 마리밖에 남지 않았다는 사실! 북부흰코뿔소가 이렇게 심각한 멸종 위기에 몰린 이유는 바로 '뿔' 때문이야!

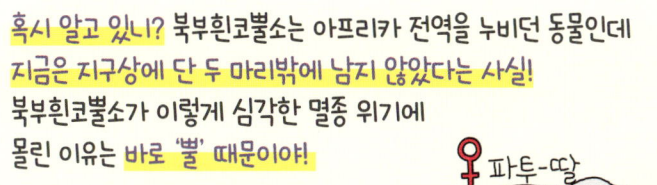

이 뿔이 암이나 류머티즘 등을 치료하는 약재료로 쓰이고, 장식품을 만드는 재료로 인기가 높거든. 아주 비싼 값에 팔리니까 사냥꾼들이 뿔을 얻으려고 마구잡이로 밀렵을 한 거야.

게다가 북부흰코뿔소의 주요 서식지에서 끊임없이 전쟁이 일어나다 보니 밀렵을 단속하기가 어렵고, 서식지도 파괴되어 개체 수가 급격히 줄어들었지.

하지만 다행히 케냐 정부에서 북부흰코뿔소의 번식을 위해 노력 중이야. 암컷만 남았는데 어떻게 번식을 하냐고? 마지막 남은 수컷이었던 '수단'의 정자와 '나진'과 '파투'의 난자를 인공 수정하여 남부흰코뿔소의 자궁에 이식해서 새끼를 낳게 할 계획이래.

매년 9월 22일은 세계자연기금(WWF)에서 정한 '세계 코뿔소의 날'이니 많은 관심과 사랑 부탁해요!

아프리카의 유일한 늑대
에티오피아 늑대

길고 뾰족한 주둥이, 하늘로 쫑긋 올라가 있는 귀를 가진 에티오피아늑대! 늑대지만 늑대보다 개나 여우를 더 닮아 보이는데요. 과연 습성도 개나 여우를 닮았는지 한번 살펴볼까요?

🌐 에티오피아의 고원 지대 📏 90~100cm 🍖 쥐, 토끼와 같은 설치류

멸종 위기 생물이 된 결정적 이유!

개들이 옮긴 광견병 때문에….

위기
멸종 위기 등급

에티오피아늑대는 갯과 동물 중에서 **가장 심각한 멸종 위기**를 맞고 있어. 1970년대에 약 1,000마리가 있었는데 지금은 다 자란 늑대가 300마리 정도밖에 남지 않았거든. 이렇게 개체 수가 급격히 줄어든 이유는 뭘까?

먼저 사람들이 **서식지에 가축을 방목**하여 기르면서 주위의 풀들이 사라졌고, 이에 따라 늑대의 먹이인 **설치류가 줄어들게 되었어**. 또 풀밭에 풀어놓은 양 떼를 몰기 위해서 개를 키웠는데, 바로 이 **개들이 질병에 걸려 에티오피아늑대에게까지 광견병 바이러스를 옮기기 때문이야**.

광견병은 한번 퍼지면 에티오피아늑대 수십~수백 마리의 목숨을 순식간에 앗아가. 그래서 **에티오피아 당국은 개들에게 광견병 백신을 접종하고, 염소 고기에 백신을 넣어 늑대들이 다니는 길에 놓는다고 해**. 또 에티오피아늑대가 살 곳을 마련하는 등 개체 수가 줄어들지 않도록 노력하고 있다니, 정말 다행이지?

네 가지 동물 합체
사불상

사슴인 듯 말인 듯, 소인 듯 당나귀 같기도 한 사불상! 네 가지 동물을 섞어 놓은 듯한 신비로운 모습을 가지고 있어요. 이름도 생소한 사불상의 세계로 떠나 볼까요?

🌐 중국   📏 1.5~2.2m   🌿 풀, 이끼, 수생 식물 등

멸종 위기 생물의 **뜻밖의 소식**
멸종된 사불상, 100년 만에 고향으로!

야생절멸
멸종 위기 등급

사불상은 1920년에 중국 땅에서 완전히 멸종되었어. 야생에 사는 사불상도, 사육 시설에 사는 사불상도 모두 사라졌지. 그런데 100여 년이 지난 현재, 중국에 약 9천 마리(2021년 기준)의 사불상이 번식하고 있대.

"어떻게 된 거야?"
"멸종되었던 동물이 다시 살아난 거야?"
"사연이 아주 많아요."
"혹시 유전자 복원?"

때는 1865년! 프랑스의 선교사가 중국 황제의 사냥터에 살던 사불상 무리를 보고 유럽에 소개했어. 이때 몇 마리의 사불상이 유럽에 보내졌는데, 제1차 세계 대전 때 모두 죽어 버렸어. 한편 중국에 남아 있던 사불상도 홍수가 크게 나서 죽으면서 완전히 멸종된 줄 알았지.

"얘들아, 가자!"
"프랑스 사람들에게 이 신비한 동물을 보여 주면 깜짝 놀라겠지?"

그런데 영국의 한 공작이 사불상 18마리를 키운다는 반가운 소식이 들렸어. 공작은 사불상을 번식시켜 200마리까지 늘렸고, 1980년대에 중국의 동물원에 전해졌어.

"중국에 오느라 고생 많았어."
"박사님들~ 내가 다시 고향에 오다니!"
"정말 고마운 공작님이시다~"
"이렇게 다시 보다니!"

중국은 100여 년 만에 돌아온 사불상을 9천여 마리까지 늘려서 야생으로 돌려보내고 있다고 해.

살아 있는 당나귀 조상
아프리카 야생당나귀

말과 얼룩말을 섞어 놓은 것처럼 생긴 아프리카야생당나귀! 놀라울 만큼 장점이 많은 동물이라고 소문이 났는데요. 어떤 장점이 있는지 함께 알아볼까요?

🌐 아프리카의 사막 지역　📏 1.9~2.2m　🌿 풀, 나무껍질, 나뭇잎

멸종 위기 생물이 된 **결정적 이유!**

아프리카에 보호 구역만 있었어도….

아프리카야생당나귀는 짐을 실어 운반하거나 사람을 태우고 다니는 가축 당나귀의 '살아 있는' 조상이야. 그러나 어쩌면 머지않아 '죽은' 조상이 될지도 몰라. 아프리카에서 흔히 볼 수 있던 아프리카야생당나귀는 현재 약 570마리 정도밖에 남지 않았거든.

저분이 우리 조상님이시구나!

우와~ 갈기 좀 봐~ 멋있다!

오랜 기간 인간을 도와준 아프리카야생당나귀가 멸종될 위기에 처한 이유는 너무 '방치'했기 때문이야!

당나귀야~ 네가 요즘 큰돈이 되더라! 잡아서 비싸게 팔아 줄게~

평생 부리는 것도 모자라서 이제 잡아먹기까지 하려고요?!

아프리카 내에서 여러 전쟁이 벌어지고, 가뭄으로 마실 물이 줄어드는데도 전혀 보호하지 않았거든. 게다가 식량과 약재료로 쓰기 위해 마구 잡아들이기까지 했어.

두 두 두 두

당나귀가 마음 놓고 지낼 보호 구역을 만들어 줍시다!

멸종 위기에 놓인 아프리카야생당나귀를 보호합시다!

현재 아프리카에서는 당나귀를 보호할 지정된 보호 구역이 없어. 최근에는 야생 당나귀뿐만 아니라 가축 당나귀조차 건강식품으로 높은 값에 마구 팔려서 수출 금지까지 했지만, 암암리에 거래가 되고 있다고 해. 인간을 위해 평생 모든 걸 내준 당나귀들을 이제는 우리가 지켜 줘야 하지 않을까?

당나귀 거래반대

당나귀 수출금지

당나귀 수출금지

아프리카야생당나귀 • 19

갑옷 입은 순둥이
천산갑

딱딱한 갑옷을 온몸에 두르고 다니는 천산갑!
단단한 등껍질 때문에 움직이기도 힘들 것 같은데 몸을 솔방울처럼 동그랗게 말기도 해요. 생긴 것도, 이름도 특이한 천산갑에 대해 알아볼까요?

🌐 아시아와 아프리카의 열대 지역 📏 30~90cm 🍴 개미, 흰개미, 지렁이, 귀뚜라미 등

천산갑은 '산을 뚫을 만큼 단단한 갑옷을 두른 동물'이란 뜻이야. 온몸이 갈색빛 비늘로 켜켜이 덮여 있어. 비늘은 갓 태어난 며칠만 부드럽고 곧바로 단단하게 변해.

아르마딜로와 비슷하지만 달라. 아르마딜로의 등껍질은 동물의 가죽처럼 생겼고, 천산갑의 등껍질은 물고기의 비늘처럼 생겼어.

비슷하지만 달라! 난 비늘! 쟨 가죽!

충격 주의!
혀를 40cm까지 뻗을 수 있어. 이빨이 없는 대신 길쭉한 혀로 개미굴의 개미를 핥아먹어.

나만큼 길구나! / 이렇게 길어? / 개미핥기
내 혀가 좀 길긴 해~

속이 빈 나무나 땅속에 살아. 3.5m까지 땅굴을 파지.

주둥이는 쌈주머니처럼 점점 좁아지는 모양이야.

꼬리는 몸통과 비슷한 길이야. 또 새끼가 이곳에 매달려서 살아.

💚 천산갑이 적을 물리치는 방법!
① 꼬리를 세게 휘둘러 물리친다.
② 스컹크처럼 항문에서 고약한 냄새를 풍겨 쫓아낸다.
③ 솔방울처럼 몸을 말아 방어한다.

으악! 팍 팍 우다다다
앞발에는 갈고리 모양의 긴 발톱이 3개씩 있어서 개미집을 파거나 나무를 타고 올라가기에 최적화되어 있어.

멸종 위기 생물이 된 결정적 이유!
몸을 동그랗게만 말아서….

위급
멸종 위기 등급

천산갑은 전 세계에서 밀렵으로 가장 많이 희생되는 동물 중 하나야. 성격이 순한 데다 놀라면 몸을 동그랗게 말고 구르기만 하니 잡히기가 너무 쉬운 거지.

밀렵꾼들이 천산갑을 노리는 이유는 아시아에서 한 마리에 1억이 넘는 비싼 값에 불법적으로 거래되기 때문이야.

으하핫! 사냥하기가 너무 쉬운데?

뭐 해? 얼른 도망가지 않고!

몸만 말면 어떡해~?

아우, 답답해!

무서워!!
으악!

천산갑 요리?!

정말이야?

일부 나라에서 천산갑 고기를 먹으면 SNS에 자랑한대.

dr_egg_official
#천산갑 #천산갑요리 #별미
#나 천산갑 고기 먹었다~ 맛이 끝내줘!

천산갑의 고기는 고급 식재료로 쓰이고, 비늘은 몸의 기운을 돋게 하는 약으로 소문나 불티나게 팔리거든.

근데 정말 효과가 있는 거야?

헐! 손톱?! 그러면 손톱을 먹는 거랑 똑같잖아!

글쎄요…. 사람의 손톱과 성분이 비슷하다던데요?

그러다 보니 천산갑의 개체 수는 1960년대 이후 94%나 줄어들었어! 코로나19로 잠시 주춤하고 있지만 천산갑 8종류가 모두 멸종 위기에 처한 상황이야. 중요한 건 비늘의 효과가 과학적으로 증명되지 않았다는 사실!

우웩!

멸종 위기 생물이 된 결정적 이유!

휴대 전화를 자꾸 새로 사서….

위급
멸종 위기 등급

고릴라가 멸종 위기가 된 이유는 바로 휴대 전화 속에 들어 있는 탄탈럼이라는 물질 때문이야! 탄탈럼은 휴대 전화뿐만 아니라 컴퓨터, 내비게이션, 디지털카메라 등 모든 전자 기기에서 전기를 꽉 붙잡아 주는 역할을 해. 절대 빠질 수 없는 소재지. 탄탈럼은 콜탄이라는 철광석에서 추출하는데, 문제는 콜탄이 서부로랜드고릴라가 사는 아프리카 지역에 많이 매장되어 있다는 거야.

사람들은 콜탄을 얻기 위해 서식지를 파괴하고, 그로 인해 고릴라가 빠르게 멸종되고 있어.

멈춰요! 멈춰!

그만!!

흑…. 우리가 사는 곳이 망가지다니! 이럴 수가!

안 돼! 고릴라가 죽는다고요!

웅박사! 이래도 최신 휴대 전화 살 거야?

그래, 망가진 것도 아닌데 더 쓰자고!

앞으로도 탄탈럼은 새로운 전자 기기가 만들어질 때마다 필요할 거야. 그만큼 서식지도 파괴되겠지. 서부로랜드고릴라의 멸종을 막기 위해 가능하면 전자 제품을 오래 사용하거나 재활용하는 건 어떨까?

서부로랜드고릴라 • 23

멸종 위기 생물이 된 **결정적 이유!**

일제 강점기만 아니었어도!

취약 멸종 위기 등급

반달가슴곰은 한반도에서 우리 민족과 오랜 세월을 함께해 온 동물이야. 1900년대 초까지만 해도 한반도 전역에 퍼져 살았지.

아하! 그래서 평창 동계 패럴림픽의 마스코트 '반다비'가 반달가슴곰이구나!

브이!

모조리 싹 잡아들이자!

그러나 일제 강점기에 일본인들이 '사람과 재산에 해(해할 해(害))를 끼치는 짐승(짐승 수(獸))을 구제(구할 구(救), 구할 제(濟))한다.'라는 명목으로 '해수구제' 사업을 벌이면서 비극이 시작되었어. 이 사업으로 일본은 무자비하게 우리나라의 야생 동물들을 잡아들였어. 그 숫자가 무려 7만여 마리에 달했지.

자, 기념사진 찍읍시다!

나라를 빼앗더니 이제는 동물까지 자기들 맘대로!

억울해. 난 사람을 해치지 않는다고…. 꽥!

1915년부터 1942년까지 희생된 반달가슴곰의 숫자는 최소 1,093마리! 그때부터 급격하게 줄어든 반달가슴곰은 이후 6·25 전쟁과 웅담을 얻으려는 밀렵으로 더욱 줄어들며 멸종 위기가 되었어.

비무장지대 / 설악산 / 오대산 / 태백산 / 지리산

결국 2000년 초에 5마리 정도만 남게 되자 2004년부터 점차 복원 사업을 시작했어. 그리고 20년이 지난 지금 지리산, 설악산 등에 79마리가 살고 있어. 어렵게 복원한 반달가슴곰, 다시는 멸종되지 않게 잘 보전해야겠지?

반달가슴곰 • 25

매력적인 향기가 뿜뿜!
사향노루

언뜻 노루 같기도 하고, 고라니 같기도 한 사향노루! 번식기가 되면 아주 특별한 향을 솔솔 풍기고 다닌다는데요. 과연 어떤 향인지 정체를 파헤쳐 볼까요?

🌐 한국, 중국, 몽골, 시베리아 등   📏 70~100cm   🍃 나무의 어린싹과 잎, 열매

사향노루는 노루와 닮았지만 뿔이 없고, 고라니와 비슷하지만 덩치가 더 작아. 수컷은 송곳니가 길게 자라 있어.

고라니 / 사향노루 / 노루

해발 2,600~3,000m의 높고 가파른 지대에서 단독 혹은 한 쌍이 생활해.

"사향노루야, 위험해!"

"헤헤, 저한테 가파른 절벽은 껌이에요~"

목에서부터 가슴 아래쪽까지 두 줄의 흰색 띠가 선명하게 있어.

경계심이 강하고 겁이 많아.

엄마야!
바스락

어두운 갈색 털에 흰색 반점이 있어.

똥은 쌀알보다 조금 커. 수컷의 똥에서는 독특한 향이 나.

알고 있니?
수컷의 생식기와 배꼽 사이에 '사향'이라는 달걀 모양의 향주머니가 달려 있어. 번식기가 되면 사향에서 독특한 향을 내어 암컷을 유혹해.

발굽 뒤에 '며느리발굽'이라는 작은 발굽이 나 있어. 덕분에 눈이 많이 쌓여도 빠지지 않아.

"어때? 내 향기~"

발굽은 갈라져 있고, 그 사이로 나뭇가지를 끼워서 비탈진 곳에서도 균형을 잡고 잘 서 있을 수 있어.

멸종 위기 생물이 된 결정적 이유!
아주 특별한 향기 때문에….

취약 멸종 위기 등급

사향노루는 1960년대까지만 해도 우리나라 전국에서 볼 수 있었어. 그러나 1970년대에 멸종에 이를 정도로 빠르게 사라졌고, 현재는 <mark>강원도와 비무장 지대</mark>에 30여 마리만 남아 있어. 멸종 이유는 <mark>수컷의 사향을 노린</mark> 밀렵 때문이야.

사향은 잘라서 말리면 죽어 가는 사람을 살릴 수 있다고 할 정도로 효능이 좋아 <mark>비싼 한약재</mark>로 쓰여. 또 적은 양으로도 향이 진하고 오래가 <mark>고급 향수나 화장품의 원료</mark>로 쓰이는데, 그게 바로 <mark>머스크 향(사향)</mark>이야. 그런데 한 마리당 30g 정도만 얻을 수 있어서 아주아주 비싼 값에 팔려.

문제는 사향과 똑같은 인공 합성 향료가 개발되었는데도, 진짜 사향을 얻으려는 사람이 계속 생기고 있다는 거야. 그러니까 사향노루의 멸종 원인은 사향이라기보다는 <mark>인간의 욕심</mark> 때문이 아닐까?

사향노루 • 27

멸종 위기 생물이 된 결정적 이유!

쥐를 잡는다는 게 여우까지 그만….

관심
멸종 위기 등급

꼬리가 아홉 개 달린 여우가 요술을 부려 사람을 홀린다는 전설을 들어 봤니? 전설 속에 등장할 만큼 친숙했던 여우가 어느샌가 자취를 감춰 버렸어.

여우가 사라진 이유는 쥐약 때문이야! 1960년대에 대대적으로 '쥐 잡기 운동'이 벌어졌는데, 쥐약을 먹은 쥐를 여우가 잡아먹으면서 개체 수가 급격히 줄어든 거야. 여기에 밀렵과 산림 개발로 서식지가 파괴되어 멸종을 앞당겼지.

이후 드문드문 발견되던 여우는 2004년에 발견된 것을 끝으로 다시는 볼 수 없었어. 하지만 한 사육업자가 몰래 키우던 여우를 기증하면서 이를 토대로 2012년부터 소백산 국립 공원에서 '토종 여우 복원 사업'이 펼쳐졌어. 지금은 약 87마리의 여우가 자연에서 살고 있어. 어렵게 되찾은 여우! 다시는 잃지 말아야겠지?

산속의 제왕
시베리아 호랑이

거대한 몸집과 날카로운 눈빛을 가진 시베리아호랑이! 실제로 그 모습을 보면 도망칠 수조차 없게 하는 압도적인 기운이 느껴진대요. 존재만으로도 덜덜 떨게 만드는 호랑이를 만나러 함께 떠나 볼까요?

🌐 시베리아의 남동쪽, 만주 지역, 백두산 일대 📏 2.4~3.3m 🍖 멧돼지, 사슴, 노루, 토끼 등

호랑이 중 몸집이 가장 커. 러시아 아무르 분지에서 시베리아에 이르는 지역에 살아서 '아무르호랑이'라고도 불러.

"네가 바로 백두산 호랑이구나!"

"내가 바로 한반도에 살았던 호랑이야."

털은 황갈색이고, 검은색의 줄무늬가 불규칙하게 있어. 줄무늬는 사람의 지문처럼 호랑이마다 달라.

"나 찾아봐라~ 안 보이지?"

어흥!

3~7일에 한 번 사냥을 나가 배불리 먹은 뒤 다음 사냥 때까지 굶어.

길고 강한 송곳니는 주로 먹이의 목덜미를 공격해!

평소 뾰족한 **발톱은 발톱집에** 숨겨져 있어. 위협을 느끼는 순간, '착' 하고 튀어나오지.

깨알 상식
주로 야행성! 밤에는 사람보다 6배나 더 잘 볼 수 있어.

"호, 호랑이니?"

"저 안 보이세요? 전 아~주 잘 보이는데요!"

🐾 우리나라에 호랑이가 사라진 결정적 이유!

시베리아호랑이는 1900년 무렵까지만 해도 꽤 많이 분포했지만, **사냥과 서식지 파괴** 등으로 개체 수가 줄었어. 특히 한반도에서는 **일제 강점기 때 해가 되는 동물이라는 이유로 잡아 없앴는데, 이때 많은 호랑이가 사라지고 말았지.**

"얼마나 재미나게요~!"

💡 잠깐 퀴즈
호랑이는 헤엄을 칠 수 없다?
정답은 있다! 의외로 물을 좋아하고 헤엄도 잘 쳐.

멸종 위기 생물의 **뜻밖의 소식**

시베리아호랑이가 사람을 공격했다!

위기
멸종 위기 등급

'호환'이라는 말 들어 봤어? 호랑이에게 화를 입는 것을 '호환'이라고 해. 1900년대에 호랑이 개체 수가 급속히 줄어들면서 이 말은 더 이상 쓰지 않게 되었지만 말이야. 그런데 최근 러시아에서 시베리아호랑이가 사람을 공격하는 사건이 일어났대!

러시아는 지난 10년간 호랑이 복원 사업을 대대적으로 벌였어. 그 결과 1930년대에 30여 마리에 불과했던 시베리아호랑이가 무려 750여 마리까지 늘어났어. 호랑이 덕분에 멧돼지나 사슴 등이 급격히 늘어나는 것을 막을 수 있었지. 그런데 개체 수가 늘어나면서 사람들을 공격하는 뜻밖의 상황이 벌어진 거야.

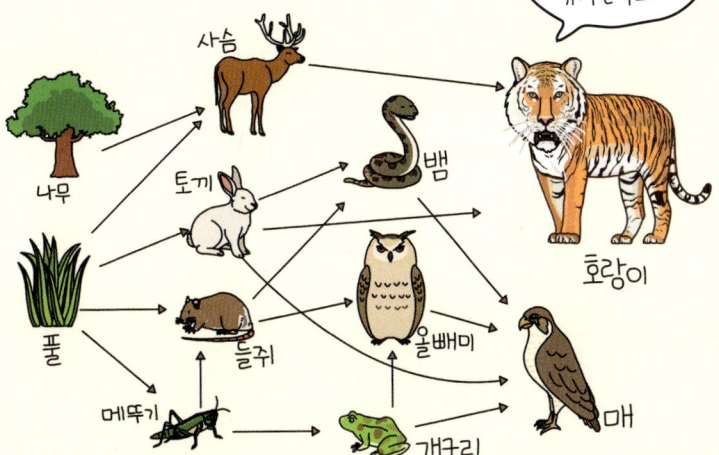

이로 인해 일부 사람들은 복원 사업을 중단하자고 해. 하지만 그렇게 되면 호랑이 덕분에 지킨 생태계의 균형은 결국 깨지게 될 거야. 사람과 동물이 함께 잘 살아갈 방법을 진지하게 고민해 봐야 해.

시베리아호랑이 • 31

동물계의 체조 선수
흰손긴팔원숭이

하얀 손과 발, 기다란 팔이 눈에 띄는 흰손긴팔원숭이!
긴 팔로 나무 사이를 날아다니는 모습이 마치 서커스를 보는 것 같아요.
나무타기의 달인 흰손긴팔원숭이를 이제 볼 수 없다는 소문이 사실일까요?

🌐 인도네시아, 라오스, 타이, 말레이반도 등   📏 40~60cm   🍴 과일, 새싹, 작은 곤충 등

일 년 내내 기온이 높고 비가 많이 내리는 열대 우림 지역에 살아.

전체적인 털색은 주로 갈색! 하지만 손목부터 손끝까지는 예외 없이 흰색!

놀라움 주의!
팔이 몸길이의 2배나 돼. 긴 팔로 시속 56km로 옮겨 다니고, 한 번에 약 12m를 뛰어오르기도 해.

얼굴 가장자리에 흰색 띠가 포인트!

"히~히~ 긴 팔과 손가락은 내 나무 타기의 비법이란 말씀!"

"혹시 흰색 장갑 낀 건 아니지?"

"휴~ 역시 나무 위가 제일 안전해~"

"장갑이라니요!"

긴 팔은 나무에서 균형 잡기에 좋지만, 땅에선 불편해. 그래서 주로 나무 꼭대기에서 생활해.

의외로 손바닥과 발바닥은 검은색!

"어서 내려와 보시지~"

"꼬리가 있으면 원숭이~ 없으면 유인원!"

알고 있니?
매년 10월 24일은 숲의 개발로 멸종 위기에 처해 있는 긴팔원숭이의 날이야. 중국부터 말레이반도까지 넓은 지역에 살았지만 이미 중국에서는 멸종된 것으로 추정하고 있어.

"긴팔원숭이의 날! 꼭 기억하자고!"

잠깐 퀴즈
흰손긴팔원숭이는 원숭이일까?
정답은 아니다! 흰손긴팔원숭이는 이름만 원숭이일 뿐 침팬지, 고릴라, 오랑우탄과 같은 유인원이야.

멸종 위기 생물의 뜻밖의 소식
자기들끼리만 통하는 소리가 있다고…?

동물도 사람의 언어처럼 다양한 소리를 내어 의사소통할 수 있을까? 흰손긴팔원숭이라면 가능! 미국 위스콘신대의 연구 결과에 따르면 무려 450개가 넘는 각기 다른 '후(hoo)' 발음으로 자기들만의 대화를 나눈다고 해.

흰손긴팔원숭이들은 위험한 천적이 나타났거나 먹이 있는 곳을 알려 주거나 새끼를 가르칠 때마다 각기 다른 '후' 소리를 내어 표현해. 상황마다 소리의 길이와 음역을 달리해서 아주 정교하게 표현하는 거지.

흰손긴팔원숭이가 내는 소리는 우리 인류의 조상이 사용한 언어 구조와 비슷할 거라 보고 있어. 앞으로 흰손긴팔원숭이 같은 영장류가 사용하는 소리를 연구하면 우리 인류 언어가 어떻게 진화해 왔는지를 밝혀낼 수 있을 거야.

작고 귀여운 꼬마 하마
피그미하마

통통한 몸통에 앙증맞은 눈, 코, 입을 가진 피그미하마! 이리 보고 저리 봐도 너무너무 깜찍하고 귀여워요. 피그미하마는 우리가 아는 하마와 비슷한 듯 다르다는데 무엇이 다른지 알아보러 출발!

🌐 아프리카 대륙의 삼림 지대 📏 1.5~1.8m 🍽 수생 식물, 나무의 잎, 풀, 열매, 뿌리

피그미하마는 하마와 전혀 다른 종이야. 일반 하마에 비해 덩치가 훨씬 작고 귀여워서 '애기 하마', '꼬마 하마'로 불려.

👉 **하마와 피그미하마의 구별법!**
하마는 놀라면 물속으로 도망가고, 피그미하마는 놀라면 숲속으로 도망가.

등은 울창한 숲을 지나가기 쉽게 둥그스름하게 생겼어.

땀인 줄 알았더니 피부 보호막이었구나?

피부는 매끈하고 매우 연약해. 뜨거운 햇빛으로부터 피부를 보호하기 위해 투명하고 끈적끈적한 액체를 분비해서 촉촉하게 유지해.

더러움 주의!
피그미하마의 특기는 똥 흩뿌리기!

어휴~

으~ 시원하다!

습지를 좋아하지만, 물에는 잘 안 들어가, 흙탕물 속에서 뒹구는 걸 좋아해.

누가 돼지고, 누가 피그미하마야?

서울대공원의 인기쟁이 '나몽'이에요!

땅에서 더 많이 생활해서 발가락 사이에 물갈퀴가 없어.

깨알 상식
피그미하마는 자이언트판다, 오카피, 봉고와 더불어 세계 4대 희귀 동물이야. 현재 전 세계에 3,000마리 정도만 살고 있어. 우리나라에는 서울대공원에 암컷 1마리가 살고 있어.

수줍음이 많은 겁쟁이야. 삼림 지대에 꼭꼭 숨어 살아서 눈에 잘 띄지 않지. 단독 생활을 즐겨 해.

💡 **잠깐 퀴즈**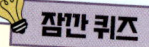
피그미하마의 몸에는 털이 있을까, 없을까?
정답은 있다! 전체적으로 반들반들해 보이지만 입, 코, 꼬리에는 털이 있어.

멸종 위기 생물이 된 결정적 이유!

피그미하마 고기가 너무 맛있어서 문제야!

'귀요미 동물' 하면 빠질 수 없는 피그미하마! 약 1만 년 전까지 마다가스카르섬과 지중해 여러 섬에 살았지만, 지금은 동물원에서조차 보기 힘든 귀한 몸이야.

이렇게 피그미하마가 멸종 위기가 된 건 주요 서식지가 잦은 전쟁과 과도한 벌목으로 파괴되었기 때문이야. 그리고 또 한 가지 충격적인 이유! 바로 아프리카 원주민들이 피그미하마 고기를 먹기 때문이야! 피그미하마 고기는 멧돼지 고기처럼 맛이 아주 좋다고 해.

현재 피그미하마는 야생에 약 2,500마리 정도만 남아 있는 걸로 추정하고 있어. 아무리 피그미하마 고기 맛이 끝내준다고 해도 동물을 멸종시키면서까지 먹어야 할까?

피그미하마 ◆ 35

행복한 미소 천사
쿼카

호기심 가득한 눈망울, 터질 듯 빵빵한 볼, 항상 환하게 웃는 쿼카! 보는 사람까지 저절로 행복한 미소를 짓게 만드는데요. 쿼카는 정말 행복해서 웃는 것인지 쿼카의 마음을 한번 알아볼까요?

🌐 호주의 로트네스트섬   📏 40~55cm   🍃 작은 나무, 잔디, 나뭇잎 등

볼은 사탕을 물고 있는 것처럼 빵빵하고, 귀는 작고 둥글어서 더 귀여워. **입은 세상 행복한 것처럼 웃고 있어.**

로트네스트섬

앞발로 나뭇잎이나 풀 같은 먹이를 꼭 쥐고 뜯어 먹어.

지구상에서 단 한 곳! **호주의 로트네스트섬에서만 살아.** 맨 처음 이곳에 온 네덜란드 선원이 쿼카를 거대한 쥐로 착각해서 이 섬을 '로테 네스트('쥐 둥지'라는 뜻)'라고 불렀어.

"귀여운 내 새끼~ 아무도 못 건드려!"
찌릿
"안 만질게!"
"헛! 거대한 쥐다!"
"쥐! 어디? 어디? 나는 아님!"

배에 캥거루처럼 **새끼주머니(육아낭)** 가 있어. 암컷은 태어난 새끼를 주머니에서 6~7개월간 키워.

덤불과 물이 있는 **습지대**에서 **무리**를 지어 **땅굴**을 파며 살아. 주로 밤에 활동하는 **야행성**이야.

호기심이 많고 순하며, 붙임성이 있어. 또 사람을 보면 거리낌 없이 다가와. 관광객들 사이에서는 **쿼카와 셀카를 찍는 게 유행이야.**

"이래도 웃는지 한번 볼까?"
"인생 샷, 저~장!"
빠악 큭 큭

하.지.만!
친근하게 다가오는 쿼카를 발로 차거나 때리는 등 학대하는 경우도 있대!

멸종 위기 생물의 **뜻밖의 소식**

사랑스럽다고 만지면 후회할 걸?

취약 — 멸종 위기 등급

언제나 사랑스럽게 웃는 표정 때문에 '세상에서 가장 행복한 동물'이란 별명을 갖고 있는 쿼카! 하지만 최근에는 '웃으며 다가오는 벌금 폭탄'이라는 고약한 별명으로 불리고 있어. 호주 정부에서 쿼카를 만지거나 먹이를 주는 사람에게는 300AUD(호주 달러, 한국 돈 약 27만 원)의 벌금을 부과하고 있거든.

그 이유는 쿼카의 수가 약 7,500~1만 마리밖에 남지 않았기 때문이야. 원래 쿼카는 호주 남서부 지역에 넓게 분포했어. 그러나 1900년대 들어서면서 벌목이나 농업 개발로 인한 서식지 감소, 붉은여우와 딩고 같은 천적의 위협, 기후 변화로 인한 대형 산불 등으로 **개체 수가 심하게 감소한 거야.**

그럼 벌금을 내지 않고 쿼카와 셀카를 찍을 방법은 없을까? **쿼카가 먼저 다가오기를 기다리면 돼.** 사람이 만지면 벌금을 내야 하지만 쿼카가 먼저 다가와서 접촉하는 건 괜찮거든!

아프리카의 신비주의자
오카피

얼굴과 몸통은 기린, 다리와 엉덩이는 얼룩말을 닮은 오카피! 여러 가지 동물을 닮은 모습이 무척 신비롭고 아름다운데요. 세계 4대 희귀 동물 중 하나이기도 한 오카피의 특별한 생활 속으로 들어가 볼까요?

🌐 아프리카의 콩고   📏 2~2.5m   🍃 나뭇잎, 과실, 버섯, 종자 등

멸종 위기 생물이 된 **결정적 이유!**

제발 금광 채굴 좀 멈춰 주세요!

오카피의 서식지는 오직 한 곳! 아프리카 콩고의 열대 우림 지역이야. 그중에서도 아주 깊숙한 산림에만 살아서 1900년대 초까지 사람들에게 발견되지 않고 '전설의 동물'로 알려졌어.

그런데 지금은 이 서식지 때문에 멸종 위기에 놓여 있어. 콩고에서 금광이나 다이아몬드 광산이 채굴되는 지역과 오카피의 서식지가 일치하기 때문이야.

만약 이대로 우리가 지구의 자원을 욕심낸다면 머지않아 오카피의 독특하고 멋진 모습을 볼 수 없을 거야. 오카피가 정말 '전설의 동물'로 남지 않도록 욕심을 내려놓는 건 어떨까?

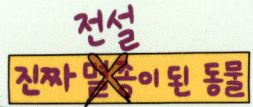

진짜 멸종이 된 동물

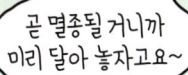

10월 18일은 세계 오카피의 날이에요. 이날은 오카피를 꼭 기억해 주세요!

모피 코트의 대명사
유럽밍크

네 개의 짧은 다리와 굵고 기다란 몸통을 가진 유럽밍크! 언뜻 족제비처럼 보여도 유럽밍크만이 가지고 있는 자랑거리가 있다는데요. 어떤 자랑거리인지 함께 알아볼까요?

🌐 프랑스, 루마니아, 스페인 등 유럽 일부 지역　📏 28~43cm　🍴 물고기, 들쥐, 새, 개구리, 뱀, 곤충 등

"남은 건 숨겨 뒀다가 먹어야지~"

하천, 호수 같은 습지에 있는 나무의 빈 구멍이나 바위틈에 살아. 해가 질 때쯤 주로 활동해.

"모두 비슷한데?"

족제비　수달

몸통은 족제비, 수달, 페럿처럼 두껍고 기다랗게 생겼어.

"내가 족제비랑 가까운 친척이거든!"

귀는 아주 짧아.

붉은빛이 도는 진갈색의 털로 덮여 있어. 겨울철에는 털이 매우 두껍고 촘촘해져서 더 아름다워. 하지만 아름다운 털은 사냥꾼의 표적이 된다는 사실!

《데굴 데굴》 "나의 아름다운 털을 숨기면 못 찾겠지?"

2~4월에 짝짓기해서 5월에 2~8마리의 새끼를 낳아.

입 주변 턱부터 목에 걸친 부분까지 흰색 털이 나 있어.

특기는 수영! 1~2분간 잠수를 할 수 있어. 뒷발에 물갈퀴가 있어서 물속에서 사냥도 가능해!

네 다리 모두 짤막!

"유럽밍크의 귀여움에 속지 말자! 무조건 피하는 게 살길이야!"

생김새는 귀염뽀짝! 하지만 성질은 사납고 포악해. 자기보다 몸집이 몇 배나 큰 동물도 잡아먹는다고!

알고 있니?

1866년 미국에서는 모피 옷이 인기를 끌었는데 야생 유럽밍크만으론 감당할 수 없게 되자 밍크를 사육하기 시작했어. 그게 바로 아메리카밍크야. 유럽밍크보다 크고 꼬리도 더 길지만 역시 부드러움은 유럽밍크를 못 따라가.

《덜 덜 덜》

멸종 위기 생물이 된 **결정적 이유!**

따뜻하고 멋진 패션이 좋아도 이건 너무해!

위급
멸종 위기 등급

유럽 전역에서 쉽게 볼 수 있을 정도로 수가 많았던 유럽밍크! 그러나 1800년대 중반 이후 개체 수가 무려 85%나 줄어들었어. 강가나 호수에 수력 발전소를 건설하며 서식지가 파괴되기도 하였지만, 가장 결정적인 이유는 바로 아름다운 유럽밍크의 모피!

저 댐 때문에 내 최애 먹이 개구리들이 다 죽었잖아! 이제 뭘 먹고 산담….

사실 댐보다 더 무서운 건 '모피'를 좋아하는 사람들이에요.

이야, 정말 따뜻하고 부드러워. 괜히 인기가 많은 게 아니었어~

유럽밍크의 털은 사람들의 **겨울철 고급 옷을 만드는 재료**로 인기가 아주 높아. 짙은 갈색 털은 매우 아름답고, 두껍고 촘촘하며 탄력과 촉감이 좋아.

헉! 그렇게나 많이?

미, 미안.

그 옷 한 벌 때문에 내 친구 200마리가 죽었다고요!

게다가 털의 양도 풍부해서 '모피의 끝판왕'으로 불리지. 하지만 코트 한 벌을 만드는 데 80~200마리가 필요해서 급속도로 줄어들었어.

밍크를 슬프게 하는 모피 옷! 입지도 사지도 맙시다!

다행히 최근에는 모피 옷을 입지 말자는 여론이 높아서 **야생에서의 밍크 사냥을 처벌**하고, 농장에서의 사육도 줄어들고 있어. 그리고 유럽밍크의 번식에 관한 연구와 서식지를 복원하려는 노력도 펼쳐지고 있지. 이런 노력이 쌓이면 조만간 유럽밍크가 유럽 곳곳을 뛰어다니는 날이 다시 찾아오겠지?

유럽밍크 • 41

멸종 위기 생물이 된 결정적 이유!
단지 팜유 때문에 이렇게까지 한다고?

팜유는 기름야자나무의 열매를 짜서 얻는 식물성 기름이야. 과자, 라면, 화장품, 치약, 비누 등 우리 주변에서 접하는 제품 대부분에 들어가는 만능 기름이지. 그런데 이 팜유가 수마트라오랑우탄을 멸종시키는 주요 원인으로 꼽히고 있어.

사람들이 팜유를 얻기 위해 오랑우탄의 서식지인 열대 우림을 태우고 그 자리에 기름야자나무를 심어 대규모 농장을 만들기 때문이야. 이때 오랑우탄은 불에 타 죽거나 서식지를 잃고 먹이를 구하러 사람들이 사는 곳으로 내려왔다가 죽임을 당해.

이에 따라 지난 30년간 수마트라오랑우탄은 약 1만 4천 마리가 줄어들었어. 한 시간에 축구장 300개나 되는 숲이 팜유 농장으로 바뀌고 있으니, 오랑우탄의 멸종은 이제 시간 문제지. 오랑우탄의 멸종과 열대 우림의 파괴를 막기 위해 우리가 할 수 있는 일은 무엇이 있을까?

초원의 왕코
사이가산양

툭 튀어나온 눈, 커다란 코, 반투명한 뿔을 가진 사이가산양! 개성 있는 모습이 자꾸만 눈길을 끌지요? 하지만 이런 모습에는 다 이유가 있대요. 어떤 이유인지 사이가산양의 이야기를 들어볼까요?

🌐 러시아, 카자흐스탄, 우즈베키스탄, 몽골 일부 지역 📏 98~145cm 🌿 풀, 나뭇잎 등

멸종 위기 생물의 **뜻밖의 소식**

사이가산양이 집단으로 죽었다!

관심
멸종 위기 등급

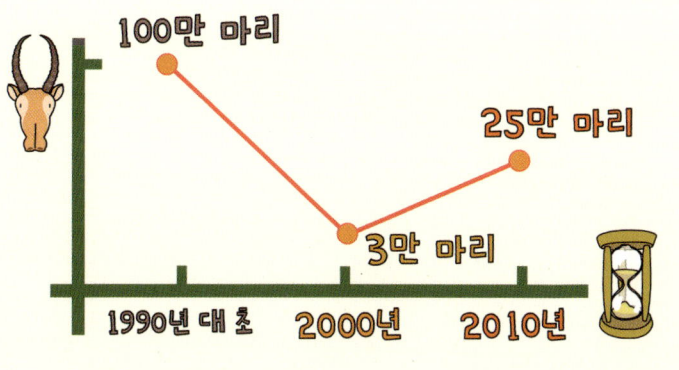

사이가산양의 개체 수는 <mark>고무줄처럼 늘었다 줄기를 반복하고 있어.</mark> 1990년대 초에 100만 마리가 넘었지만, 뿔을 노린 밀렵으로 3만 마리까지 줄었다가 국제 사회의 적극적인 보호로 25만 마리까지 늘어났지.

그러다 2015년 5월, 충격적인 일이 벌어졌어. <mark>카자흐스탄 초원에 사는 약 20만 마리의 사이가산양이 배가 빵빵하게 부풀어 오른 모습으로 쓰러져 죽은 거야.</mark>

그것도 2주라는 짧은 기간 동안 전체 개체 수의 절반 이상이 떼죽음을 당했으니 정말 끔찍한 상황이었지. 연구에 따르면 원인은 사이가산양의 몸속에 있던 '파스퇴렐라'라는 박테리아 감염!

이 사건으로 사이가산양은 멸종 위기에 처할 정도로 개체 수가 줄었지만, 다행히 번식과 보호에 힘써 <mark>2022년에 약 132만 마리로 증가했어.</mark> 하지만 앞으로 또다시 급격한 기후 변화가 일어난다면 사이가산양의 갑작스러운 멸종은 피할 수 없을 거야.

사이가산양 • 45

대모잠자리
창언조롱박딱정벌레
은줄팔랑나비
붉은박쥐
하늘다람쥐
로드하우대벌레
참달팽이
수원청개구리
맹꽁이
비단벌레
닻무늬길앞잡이

자세히 보아야 보이는
작은 몸부림

숲속관

멸종 위기 생물의 뜻밖의 소식

자취를 감춘 대모잠자리가 다시 나타나다!

위급
멸종 위기 등급

날개에 특이한 얼룩무늬가 있어서 눈에 띄는 대모잠자리! 원래 우리나라에 전국적으로 분포하는 곤충이었지만 도시 개발과 매립으로 습지가 사라지며 좀처럼 모습을 볼 수가 없었어.

그런데 최근 아주 반가운 소식이 들려왔어. 경기도 안산에 있는 우리나라 최초의 인공 습지인 '안산갈대습지'에 무려 1천500~2천 개체의 대모잠자리가 서식하고 있다는 거야. 이렇게 대규모의 대모잠자리가 발견된 건 국내 최초래.

안산갈대습지에는 대모잠자리를 비롯해 금개구리 등 12종의 멸종 위기 생물과 약 15만 마리의 철새들이 서식하고 있어. 이 귀한 생명들이 건강하게 번식하며 살 수 있도록 우리 모두 노력해야 할 거야.

알록달록 아름다운 등판
창언조롱박 딱정벌레

길고 생소한 이름 때문에 한 번 들으면 잊히지 않는 창언조롱박딱정벌레! 그런데 실제 모습을 보면 더 잊히지 않아요. 광택이 도는 알록달록한 색깔과 볼록한 등이 너무 예쁘거든요. 얼마나 예쁜지 당장 확인하러 고고!

🌐 한국 지리산   📏 26~28mm   🐛 지렁이, 달팽이, 나비의 유충 등

멸종 위기 생물이 된 **결정적 이유!**

알록달록 빛깔이 너무 아름다워서….

창언조롱박딱정벌레는 지리산 국립 공원의 높은 지대에 서식하고 밤에만 활동해. 그래서 사람들 눈에 띌 일이 거의 없고, 개체 수도 비교적 안정적으로 유지되고 있어. 그런데도 환경부는 2012년에 멸종 위기 야생 생물 2급으로 지정했어.

"창언조롱박딱정벌레야~ 어딨니?"

"찾았다! 여긴 국립 공원이라 안전할 텐데 왜 멸종 위기 생물로 지정됐을까?"

"오오, 저 화려하고 영롱한 색깔 좀 봐!"

"딱지날개도 둥글둥글 완전 귀요미다!"

"멸종 위기종만 아니면 진짜 채집하고 싶은걸!"

그 이유는 창언조롱박딱정벌레가 너무 아름답기 때문이야. 알록달록 아름다운 광택과 볼록 솟아오른 몸체를 보면 채집하고 싶은 유혹을 떨쳐 내기 어렵거든.

"훗, 역시 박사님들도 나한테 반할 줄 알았다니까~"

"돈은 부르는 대로 드릴 테니 한 마리만 팔면 안 될까요?"

"어림없음요!"

"걸음아! 나 살려라~"

특히 해외 곤충 수집가들은 다른 나라에서는 구할 수 없는 곤충이라 큰돈을 들여서라도 수집하고 싶어 해. 이로 인해 남획될 가능성이 높고, 그건 곧 멸종으로 이어질 수 있어서 국가가 나서서 보호하는 거야.

멸종 위기 생물의 **뜻밖의 소식**

은줄팔랑나비가 다시 돌아왔다!

은줄팔랑나비는 물억새나 갈대가 자라는 연못, 하천 같은 물가 주변을 기반으로 전국에서 발견되었어. 그러나 서식지 주변이 논밭이나 공원으로 개발되면서 개체 수가 빠르게 줄어들었고, 강원 인제군이나 경남 밀양시 등에서 제한적으로 발견되었어.

"밭으로 변하면서 그 많던 은줄팔랑나비가 싹 다 사라졌네."

"휴~ 힘들지만 올해 경작지를 더 늘려야겠어!"

그러던 2018년에 반가운 소식이 들렸어. 금강 일대에서 은줄팔랑나비 애벌레 346마리와 나비 2마리 등 총 348마리가 발견된 거야. 물가 주변이 복원되면서 은줄팔랑나비의 알이나 애벌레가 따라 들어온 것으로 보고 있어. 이로써 은줄팔랑나비의 멸종은 위기에서 벗어나게 되었어. 하지만 발견 지역에서 은줄팔랑나비가 계속해서 살게 하려면 서식지 보호와 관리가 중요할 거야.

"우와! 348마리라니! 이건 역대급 발견이야!"

"이렇게 많은 은줄팔랑나비는 처음이야~"

"이제 여기서 대대손손 살기로 약속하자~"

"안녕?"

"저희도 여기가 좋아요!"

멸종 위기 생물이 된 결정적 이유!
폐광을 막아서 잘 곳이 없잖아!

관심 — 멸종 위기 등급

붉은박쥐는 10월부터 이듬해 5월까지 무려 220일 동안 겨울잠을 자. 장소는 따뜻하고 습도가 높으며 천적으로부터 피할 수 있는 **자연 동굴**! 그런데 사람들이 자꾸만 숲을 개발해서 동굴이 사라져 버렸어.

> 헉! 사람들이 동굴을 부수고 있어!
> 아우, 시끄러워. 자는데 이게 무슨 소리야?
> 으악!
> 아, 안 돼!
> 쿵! 콰르르 쾅

동굴에서 쫓겨난 붉은박쥐들은 동굴과 비슷한 환경을 찾다 찾다 **폐광**을 발견했어.

> 지금 가릴 처지가 아니야!
> 으~ 먼지! 여기서 살 수 있을까?
> 콜록 콜록

예전에 석탄이나 광물을 캐다가 문을 닫은 곳이지. **폐광은 갈 곳 없는 박쥐들에게 보금자리가 되어 주었어.**

> 아니, 폐광마저…
> 출입금지

하지만 사람들이 폐광에서 유해 물질이 나오는 것을 막고 사고를 예방하려고 **입구를 막으면서** 갈 곳이 없어졌어. 겨울철 추위를 견디지 못해 얼거나 **굶어 죽으며** 개체 수가 빠르게 줄어들었지.

현재 우리나라에서 확인된 붉은 박쥐는 약 450~500마리밖에 안 돼.

동굴이나 폐광 입구를 막을 때 붉은박쥐가 드나들 수 있도록 창살로 막으면 어떨까? 붉은박쥐에겐 멸종을 피할 수 있는 희망이 될 거야.

> 오오, 이제 쉽게 드나들 수 있겠어요!
> 이제 안심하고 들어와!
> 근데 양박사! 우린 어떻게 나가?
> 으악~!!! 문을 안 만들었어!

붉은박쥐 • 55

숲속의 작은 비행사
하늘다람쥐

몸통을 양탄자처럼 넓게 펴고 날아다니는 하늘다람쥐! 나무에서 나무로 슈~웅 날아다니는 모습이 무척 신비로워요. 새가 아닌 포유류가 어떻게 하늘을 날 수 있는지 그 비결을 알아볼까요?

🌐 유라시아 북부, 사할린, 한국 등   📏 14~16cm   🍴 나무껍질, 잎, 씨앗, 과실 등

멸종 위기 생물이 된 **결정적 이유!**
골프장 때문에 나무를 베어 버려서….

귀엽고 깜찍한 생김새로 나무와 나무 사이를 미끄러지듯 이동하는 하늘다람쥐! 유럽과 아시아에는 여러 종의 하늘다람쥐가 폭넓게 서식하고 있어.

"쟤는 그냥 다람쥐~"
"쟤는 청설모!"
"대체 하늘다람쥐는 어디에 있는 거야~"

그러나 우리나라에서는 하늘다람쥐를 보기가 하늘의 별 따기보다 어려워.

"멈춰 주세요. 나무가 없으면 날 수도 없고 그럼 천적에게 잡아먹힌다고요~"

왜냐고? 도로 건설, 공원 조성, 골프장 건설 등의 이유로 숲의 나무를 베어 버렸기 때문이야. 하늘다람쥐는 보통 딱따구리가 뚫어 놓은 구멍에 둥지를 만들어 생활하는데, 나무가 사라지면서 보금자리도 잃어버린 거지.

"정말? 하늘다람쥐한테 나무가 엄청 중요한 거였구나!"

"으악! 어떡해! 우리 집이 사라지고 있어!!!"

골프장 건설

"나무 많이 심으면 이런 비행 묘기 많이 보여 줄게요!"

"와!"
"당장 나무를 심어야겠다!"
"오케이!"

사람들의 편리한 시설들이 늘어나면서 하늘다람쥐는 점점 터전을 빼앗겨 멸종 위기에 이르고 말았어. 지금이라도 하늘다람쥐의 나는 모습을 보고 싶다면 숲에 나무를 많이 심어 그들의 터전을 되찾아 줘야겠지?

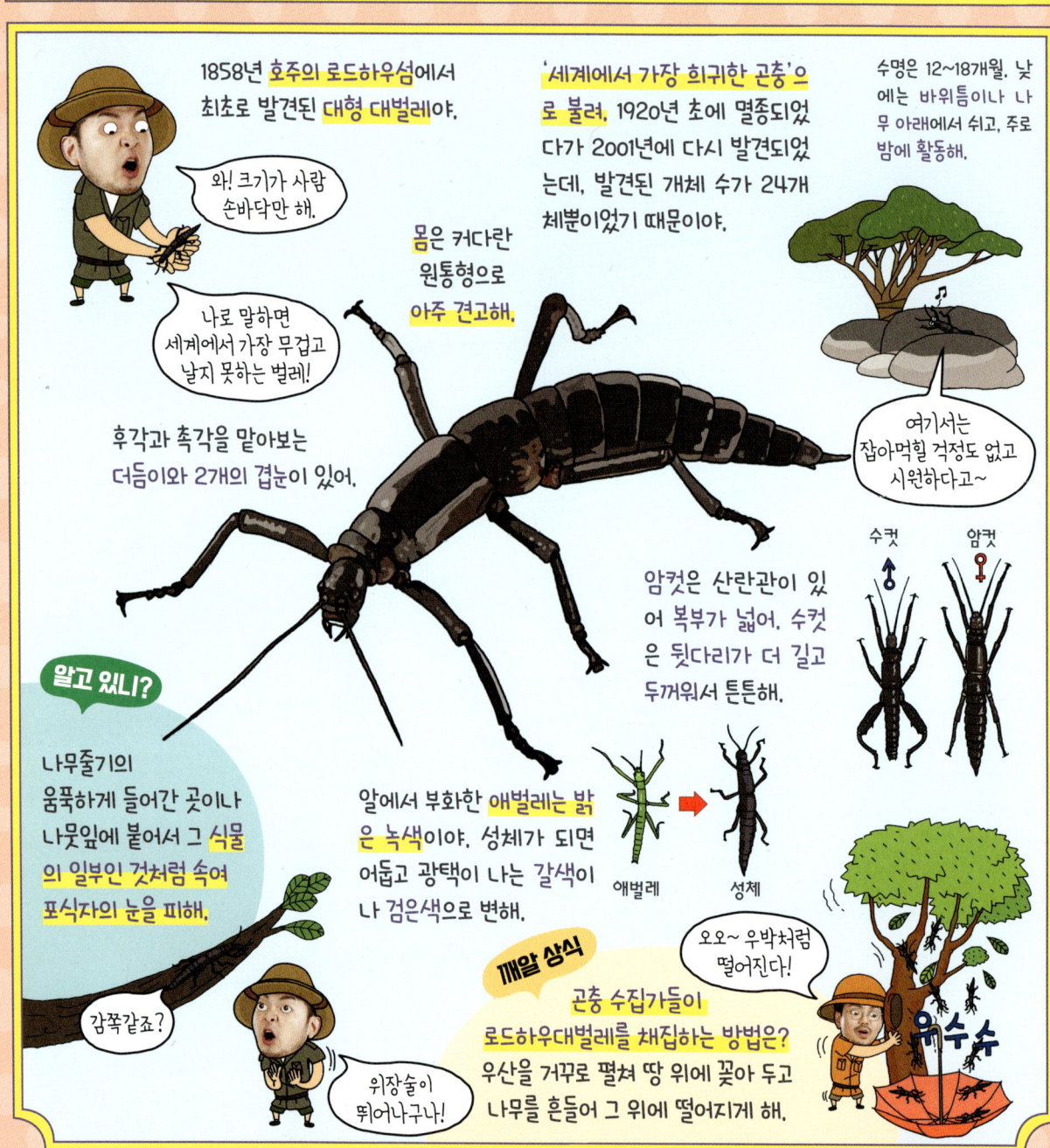

멸종 위기 생물의 **뜻밖의 소식**

멸종 100년 만에 다시 살던 곳으로!

위급
멸종 위기 등급

"역시 로드하우섬의 대벌레는 최고의 간식이야~"

로드하우대벌레는 호주의 로드하우섬 전역에서 흔하게 발견되는 대벌레였어. 어부들이 미끼로 사용할 정도로 개체 수가 많았지. 그런데 1918년 한 선박이 섬 근처 암초에 걸려 부서졌고, 배에 타고 있던 곰쥐들이 섬으로 들어와 알과 어린 개체들을 닥치는 대로 먹어 치웠어. 그리고 불과 2년 만인 1920년에 로드하우대벌레는 멸종되고 말았어.

"꼼짝없이 잡아먹히겠어!"

"멸종이 확실하다고 생각했는데 다행히 살아있었어!"

"살아 있다니 정말 고맙다!"

"대박! 먹을 것도 없는 이 바위섬에서 살고 있었다니!"

하지만 81년이 지난 2001년 뜻밖의 소식이 들려왔어. 로드하우섬 근처에 있는 '볼스피라미드'라는 높고 뾰족한 바위섬에서 멸종된 로드하우대벌레를 발견한 거야.

로드하우섬
16Km
볼스피라미드섬

"여기가 진정한 우리의 고향이구나!"

"곰쥐는 확실하게 내쫓았으니까~ 이제 걱정 말고!"

"하아, 땅 건너 물 건너 그간 고생은 말도 못 해요~"

"너! 이리 와!"

과학자들은 개체 보존을 위해 두 마리를 멜버른 동물원에 옮겨 '아담'과 '이브'라는 별명을 지어 주고, 인공 번식 프로그램을 시작했어. 또 로드하우섬의 쥐를 대대적으로 박멸하고, 멸종 선언된 지 거의 100년 만에 로드하우대벌레를 원래의 서식지로 돌려보냈어.

"찍!"

로드하우대벌레

참달팽이

느릿느릿 꼬물꼬물

자기 몸보다도 큰 집을 짊어진 채 느릿느릿 기어가는 참달팽이! 주변에 있는 그저 그런 달팽이처럼 생겼지만, 사실은 아주 보기 힘든 달팽이예요. 참달팽이는 과연 어디에서 만날 수 있는지 찾아가 볼까요?

🌐 한국의 홍도   📏 높이 18mm   🍃 풀, 나뭇잎 등

알고 있니?

1850년 전남 신안군 홍도에서 처음 발견되었어. 지금까지도 홍도에서만 발견된 한국 고유종이야.

오직 홍도에서만 살아요!

왜 다른 달팽이와 짝짓기를 하는 거야?

석회질이 많은 돌담을 좋아하는구나.

그래야 건강한 2세를 낳을 수 있어.

깨알 상식

달팽이는 암컷과 수컷의 생식기를 모두 갖춘 자웅 동체야. 하지만 다른 달팽이와 짝짓기하지.

껍질의 가장 꼭대기 층을 뺀 나머지 층 표면에 나이를 알 수 있는 생장선이 있어.

나무의 나이테와 같은 거야.

생장선

습기가 많은 숲의 나무, 돌담 주변에서 살아.

머리에 2쌍의 더듬이가 있어. 큰 더듬이에 눈이 있는데, 밝고 어두운 정도만 구별해.

작은 더듬이는 냄새를 맡는 코 역할을 해.

입안에는 이빨 역할을 하는 치설로 풀잎과 나뭇잎 등을 갉아 먹어.

갉 갉 갉

끈적 끈적

이동할 때 생기는 마찰을 줄이도록 몸에서 점액이 나와.

잠깐 퀴즈 💡

참달팽이는 멸종 위기 야생 생물 무척추동물 중 '우선 복원 대상 종'으로 지정될 만큼 중요한 생물이야. 그 이유는?

① 잡식성이라 동물의 사체를 분해하기 때문에
② 다양한 생물의 먹이가 돼 줘서
③ 이동성이 적어서 그 지역의 환경 상태를 대표적으로 나타내서

정답은 ①, ②, ③ 모두야.

멸종 위기 생물이 된 결정적 이유!

관광객들의 무심한 발길 때문에….

홍도에만 사는 참달팽이는 홍도에 가도 쉽게 만날 수가 없어. 거친 땅을 논밭으로 만드는 개간 작업, 잡초나 벌레를 없애기 위한 농약 살포, 돌담 파괴 등의 이유로 서식지가 파괴되어 개체 수가 줄어들고 있기 때문이야. 그리고 또 하나! 참달팽이를 멸종으로 몰고 가는 뜻밖의 이유가 있어. 그건 바로 사시사철 홍도를 찾아오는 관광객들의 무심한 발길이야.

참달팽이는 이동 속도가 느려 사람들의 발길을 피할 수 없고, 다른 섬이나 육지로의 이동도 거의 불가능해. 그래서 홍도에서 멸종되면 종 자체가 사라지고 말아. 참달팽이가 관광객들의 발에 밟혀서 멸종되지 않도록 적극적인 보호가 필요해!

개성 있는 울음소리
수원 청개구리

매끈한 초록색 몸통에 왕방울만 한 눈을 가진 수원청개구리! 청개구리와 쌍둥이처럼 닮았지만 확실하게 구별할 수 있는 수원청개구리만의 특징이 있다는데요. 그 특징이 무엇인지 함께 찾아볼까요?

🌐 한국 일부 지역　📏 2.5~4cm　🍴 파리, 벌, 나비, 딱정벌레 등

1977년 수원 농촌진흥청 근처의 논에서 처음 발견되어 '수원청개구리'라는 이름이 붙었어. 오직 우리나라에서만 볼 수 있는데, 수원을 비롯하여 경기도, 충남, 전북 일부 친환경 농사를 짓는 논에서만 살고 있어.

수컷　암컷

"작고 귀엽쥬?"

"나는야, 한반도의 터줏대감! 농약을 뿌리지 않는 청정 논에서만 살지~"

수컷에만 턱에 노란 빛깔의 울음주머니가 있어. 큰 소리로 울면 부풀었다가 사라져.

수원청개구리
청개구리
한국산 개구리
금개구리
황소개구리

피부는 전반적으로 초록색을 띠어! 콧구멍에서부터 몸통까지 담갈색의 불규칙한 무늬가 있어.

청개구리와 비슷하게 생겼지만, 완전히 다른 종! 한국에 사는 개구리 중 몸집이 가장 작아.

"자, 노래 시작한다~ 집중!"

💡 **잠깐 퀴즈**

수원청개구리는 수원에 가면 쉽게 볼 수 있을까?

정답은 아니다! 지금은 도시화가 되어서 매년 1~2마리밖에 발견되지 않아. 하지만 수원시는 수원청개구리를 기념하여 마스코트로 사용하고 있어.

발가락 끝에 흡반이 있어서 논의 볏짚이나 풀을 꼭 붙잡고 소리를 내.

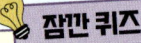

🐸 수원청개구리와 청개구리를 구별하는 특별한 방법!

바로 울음소리야! 청개구리는 낮은 소리로 빠르게 우는데, 수원청개구리는 금속성이 섞인 높은 소리로 느리게 울어.

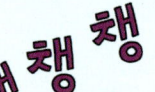 

챙 챙 챙　꽥 꽥 꽥 꽥

수원청개구리　청개구리

"수원의 마스코트 '수원이'예요~수원으로 많이 놀러 오세요~"

멸종 위기 생물이 된 결정적 이유!
사람들이 쌀을 너무 안 먹어서!

위기
멸종 위기 등급

전 세계에서 오직 우리나라에만 서식하는 수원청개구리! 하지만 전문가들은 10년 안으로 완전히 멸종될 거로 예측하고 있어. 1977년에 발견했을 때만 해도 흔했던 수원청개구리가 이렇게 빨리 사라지는 이유가 뭘까?

수원청개구리의 개체 수가 크게 줄어든 것은 **도시화와 개발 때문이야.** 또 사람들의 쌀 소비량이 점점 줄어들면서 그만큼 쌀농사를 짓는 논도 줄어들었어. 논이 사라지면서 **수원청개구리도 살 곳을 잃어버렸지.**

더구나 수원청개구리는 농약을 치지 않는 논에서만 살기 때문에 살 곳이 더더욱 줄어들고 있어. 수원청개구리의 멸종을 막으려면 주 서식지인 **논을 보호하는 노력**이 필요할 것 같아.

수원청개구리 · 63

장마철의 울보
맹꽁이

장마철의 울보

비가 내리는 여름밤, 맹꽁맹꽁 우렁차게 울어대는 맹꽁이! 울음소리가 웃기기도 하고 시끄럽기도 해요. 대체 왜 그렇게 비만 오면 요란하게 울어대는지 맹꽁이의 마음을 함께 알아볼까요?

🌐 한국, 중국 동북부 📏 4~4.5cm 🍴 개미, 거미, 메뚜기, 귀뚜라미, 모기, 지렁이 등

수컷은 번식기가 되면 울음주머니가 흑색으로 늘어져 암컷과 구분이 돼.

"매력 터지는 울음주머니 한번 보여 줄까?"

맹~맹~맹~

주로 흙을 파고 땅속에서 지내다가 밤에 나와 먹이 활동을 해.

"이따 밤에 만나요~"

"이얍! 덤벼 보시지!"

목덜미와 등에는 작고 둥근 모양의 돌기가 우툴두툴 나 있어. 위협을 느끼면 몸을 부풀리고 끈끈한 점액을 내뿜어서 자신을 보호해.

빵빵한 몸통에 비해 머리가 작고, 주둥이도 짧고 뾰족해.

점프 실력은 꽝!

펄-쩍 어기적 어기적

"아, 나도 점프 잘하고 싶다~"

"우와! 다른 개구리알보다 훨씬 빨리 자라!"

장마철(6~7월)의 물웅덩이에 알을 낳는데 맹꽁이의 알은 1~2일 만에 올챙이가 되고, 약 15~30일 정도가 되면 변태를 끝내고 성체가 돼.

발은 물갈퀴가 없고 쟁기처럼 생겨서 '쟁기발개구리'라고도 해. 뒷발에 돌기가 발달해서 흙을 헤집고 땅속에 들어가기 좋아.

알고 있니?

'맹꽁맹꽁' 울음소리 때문에 '맹꽁이'라는 이름이 붙여졌는데, 사실은 수컷 한 마리가 '맹' 하고 울면 다른 수컷이 '꽁' 하고 울어 서로 경쟁하며 싸우는 거야. 맹꽁이는 이 소리로 암컷을 유혹해.

맹!!! 꽁!!!

"더 매력적으로 우는 수컷에게 가야지!"

64 · 숲속관

멸종 위기 생물의 뜻밖의 소식
무심코 옮긴 돌에 맹꽁이는 말라 죽는다!

제주도에 있는 금오름은 화산이 폭발하며 생긴 산봉우리야. 풍광이 아름다워 관광객들의 발길이 끊이지 않는 곳이지. 여기에 방문하면 화산 분화구 주변에 있는 돌로 탑을 쌓고 인증 사진을 찍는 게 필수 코스! 그런데 무심코 한 이런 행동이 생물의 생명을 위험에 빠트린다는 사실을 알고 있니?

제주도 금오름에서!

금오름 정상에 있는 화산 분화구에는 물이 고인 습지가 있어. 바로 여기에 맹꽁이가 서식하는데, 햇빛을 막아 줄 나무나 풀이 없어서 돌을 그늘로 삼는대. 하지만 관광객들이 돌탑을 쌓으려고 여기에 있는 돌을 하나둘 가져가면서 맹꽁이들이 햇빛에 그대로 노출되어 말라 죽는 거야.

다행히 최근 맹꽁이의 서식지를 보존해야 한다는 의견에 따라 돌탑을 허물고 주변을 정리했어. 그리고 관광객들에게 돌탑 쌓기를 자제해 달라고 부탁하고 있지. 한 장의 인증 사진보다 멸종 위기 생물의 서식지 보호에 동참하는 게 더 의미 있지 않을까?

살아 있는 초록빛 보석
비단벌레

반짝반짝 광택이 나는 초록빛 몸을 가진 비단벌레! 영롱하게 빛나는 보석 같기도 하고, 윤기가 흐르는 비단 같기도 해요. 우리나라에 사는 곤충 중 가장 아름답다는 이 곤충을 함께 알아볼까요?

🌐 한국(남부, 중부)   📏 2.5~4cm   🍴 죽거나 죽어 가는 나무의 속살

멸종 위기 생물의 **뜻밖의 소식**

비단벌레, 대량 인공 증식이 가능해지다!

비단벌레는 멸종 위기에 처해 있어. 그러나 알에서 성충으로 성장할 때 얼마 동안, 무엇을 먹고, 어떻게 생활하는지 정확히 파악할 수 없었어. 비단벌레의 애벌레가 나무속에서 살기 때문이야.

그런데 2024년에 반가운 연구 결과가 발표되었어. 비단벌레가 알에서 성충으로 성장하는 모든 과정이 밝혀졌을 뿐 아니라, 인공 사육에 성공해서 개체 수를 대량으로 늘릴 수 있게 된 거야. 또 긴 애벌레 시기를 단축하는 기술도 개발했지.

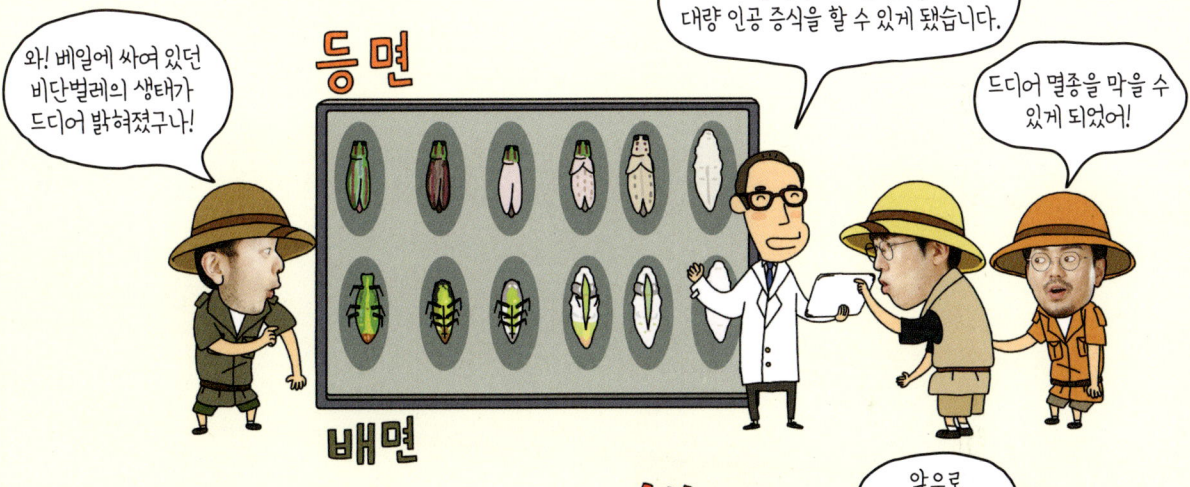

앞으로 비단벌레를 인공 증식하면 자연에 풀어놓아 서식지를 늘리고, 사육 과정에서 수명을 다하면 유물을 복원하는 데 사용할 예정이라고 해. 숲에서 비단벌레의 영롱한 자태를 자주 볼 수 있기를 기대해 보자고!

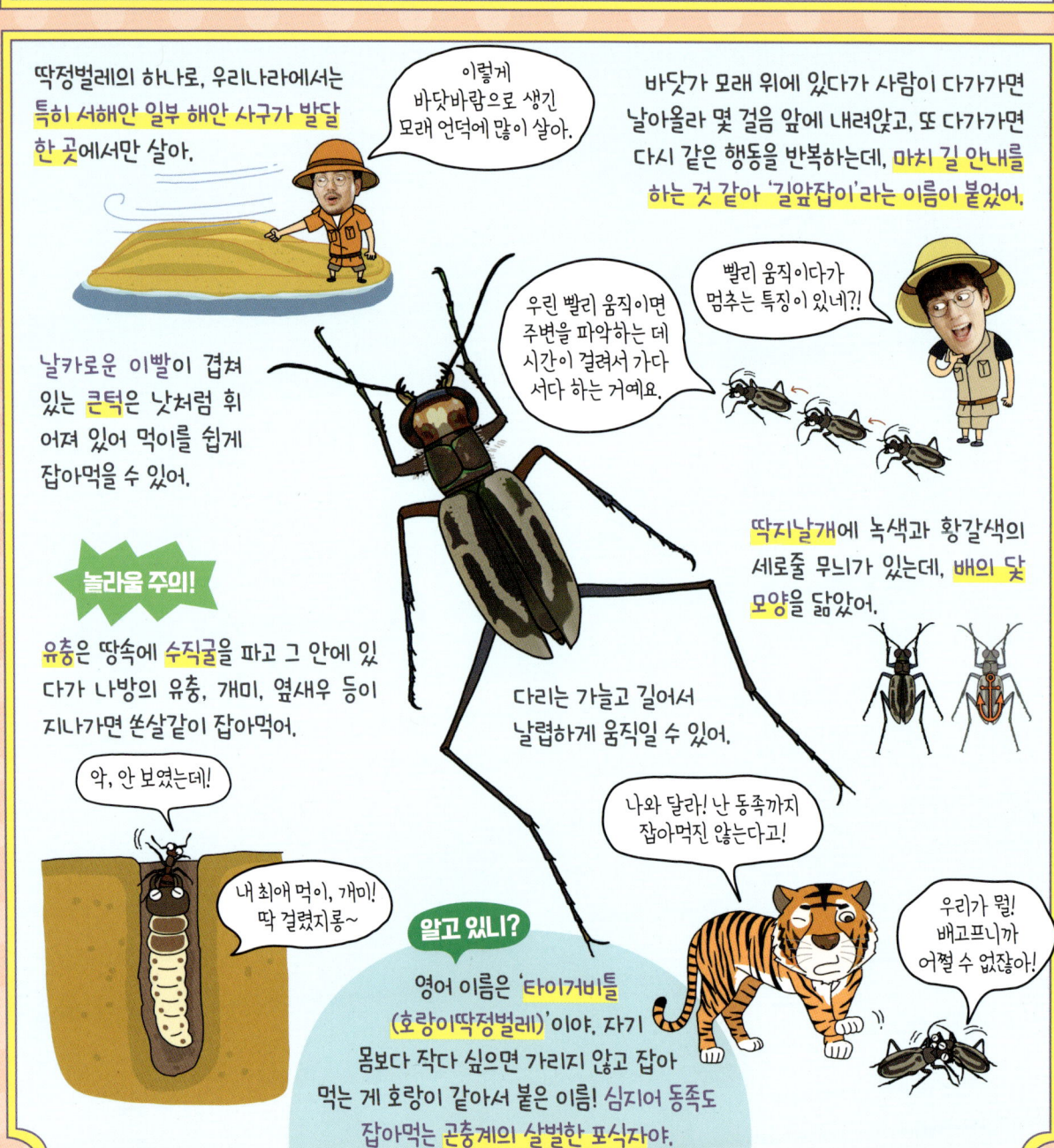

멸종 위기 생물이 된 결정적 이유!

해안 사구가 너무 멋져서···.

닻무늬길앞잡이는 우리나라 서해안의 해안 사구가 발달한 곳에 사는 곤충이야. 인천 지역에서는 2000년대 초반까지 발에 치일 정도로 개체 수가 많았지. 그러나 2003년 인천 용유도에서 1마리가 관찰된 걸 끝으로 닻무늬길앞잡이는 거의 멸종된 걸로 보고 있어. 그리고 지금은···.

이렇게 개체 수가 줄어든 이유는 닻무늬길앞잡이의 서식지가 너무 멋지기 때문이야. 여름마다 피서객이 몰려들어 해안을 이용하며 해안 사구가 망가지거든. 또 피서객을 위한 각종 편의 시설이 생기면서 해안가가 오염돼 버려.

하필 닻무늬길앞잡이의 성충은 피서철인 7~8월에 바닷가에 나타나 활동하고, 서식 환경이 조금만 오염돼도 사라지는 종이라 피해가 커. 만약 이대로 해안 사구가 사라진다면 닻무늬길앞잡이는 영원히 볼 수 없게 될 거야.

메리강거북
인도가비알
가시고기
꺽저기
칼세오리옆새우
양쯔강악어
흰수마자
한강납줄개
꾸구리
붉은발말똥게
큰철갑상어
토토아바
갯게
백상아리
바키타돌고래
황제펭귄
붉은바다거북

푸른 물속에서 들리는 조용한 외침

물속관

토대부기가 살아 있다!
메리강거북

머리와 등갑에 초록색 머리카락이 무성하게 나 있는 메리강거북! 어느 생물에게서도 볼 수 없는 독특한 외모로 유명한데요. 호주에서만 볼 수 있는 메리강거북의 특별한 생태에 대해 알아볼까요?

🌐 호주 퀸즐랜드주 메리강 📏 약 40cm 🍽 수초, 조류, 조개 등

72 • 물속관

멸종 위기 생물이 된 결정적 이유!
너무 멋진 초록색 머리카락 때문에….

메리강거북은 오직 호주의 메리강에서만 발견되는 생물이야. 1960년대까지만 해도 메리강에서 어렵지 않게 볼 수 있었지. 그러나 지금은 멸종 위기에 이를 정도로 개체 수가 크게 줄어들었어. 그 이유가 뭘까?

바로 너무나도 독특한 생김새 때문이야. 머리와 등갑이 초록색 머리카락으로 덮여 있는 모습에 사람들의 관심이 집중된 거야. 더구나 이런 생김새와는 달리 성격이 온순해서 1960~1970년대에 애완동물로 폭발적인 인기를 끌었지.

이때 해마다 무려 1만 5,000마리가 넘는 메리강거북이 포획되면서 개체 수가 눈에 띄게 줄어들었어. 게다가 메리강 유역에서 대규모로 나무를 베고 모래를 채취해서 서식지가 망가지면서 멸종 위기로 가는 속도가 빨라지고 있지. 다행히도 현재는 호주 정부의 법적 보호를 받고 있어. 하지만 남아 있는 메리강거북이 모습을 완전히 감추기 전에 우리 모두 서식지 보호를 위해 노력해야 해.

세상 순둥이 악어
인도가비알

길고 가느다란 주둥이에 날카로운 이빨이 빽빽하게 들어찬 인도가비알! 살벌해 보이는 모습과는 다른 반전이 있다는데요. 인도가비알의 숨겨진 모습을 알아볼까요?

🌐 인도, 미얀마, 네팔의 큰 강   📏 4~7m   🐟 민물에 사는 물고기, 개구리, 거북이 등

암컷 ♀
수컷 ♂

수컷의 주둥이 끝에는 '가라'라는 알뿌리 모양의 혹이 달려 있어. 이 혹으로 울음소리를 증폭시켜 암컷을 유혹하고, 의사소통을 해.

촘촘한 이빨로 물고기를 물면 절대 안 떨어뜨리지!

사람은 공격하지 않는 거 맞지?

덜 덜 덜

주둥이가 길고 가늘어. 예리한 이빨이 위턱에 27~29개, 아래턱에 25~26개 나 있어. 이 주둥이를 집게처럼 사용해 물고기를 빠르게 사냥해.

머리에서부터 등으로 이어지는 비늘은 바둑판처럼 세로줄과 가로줄이 반듯하게 그어져 있어.

눈은 크고, 툭 튀어나왔어.

뜻밖의 사실!
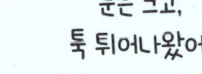

대형 악어라 잔인할 것 같지만 사실 겁도 많고 소심한 성격이야. 그래서 '가장 안전한 악어'라는 별명이 있어.

다리 힘이 약해서 배를 띄우고 걷기 어려워. 땅에서는 기어다니거나 미끄러지듯이 움직여. 그래서 육지 동물들을 잘 공격하지 않아.

긴 꼬리와 발가락의 물갈퀴는 물속에서 추진력을 줘.

그래도 방심하지 마세요. 순해도 악어는 악어니까!

아, 알겠어~ 무섭게 왜~그래~?

자식 키우는 게 얼마나 힘든데. 아빠가 당연히 도와야지~

🏷️ 깨알 상식
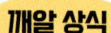

인도가비알 수컷은 악어류 중 유일하게 새끼를 돌보는 습성이 있어. 특히 우두머리 수컷은 이전 우두머리가 돌보던 새끼들까지 돌볼 정도로 적극적이야.

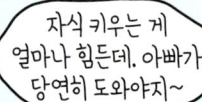

멸종 위기 생물이 된 결정적 이유!

댐 건설 때문에….

위급
멸종 위기 등급

인도가비알은 모든 악어류 중에서 <mark>가장 개체 수가 적게 남은 악어</mark>야. 100년 전만 해도 인도 대륙 전역에서 볼 수 있었는데, 지금은 인도와 네팔의 일부 강에 성숙한 개체의 수가 300~900마리밖에 남지 않았어.

인도가비알의 개체 수가 이 정도로 심각해진 건 과도한 어업으로 인한 먹잇감(물고기) 부족, 각종 낚시 도구에 걸려 익사, 무분별한 사냥, 수질 오염 등 여러 이유가 있어. 그러나 <mark>무엇보다도 치명타가 된 이유는 댐 건설이야</mark>. 댐 공사를 진행하면서 주변에 설치한 구조물들이 인도가비알의 서식지를 파괴하고 있거든.

이에 인도와 네팔 정부에서는 <mark>인도가비알 보호 구역</mark>을 만들고, 가비알 알을 인공 부화시켜 강에 방류하고, 인공 모랫둑을 만드는 등 노력을 기울이고 있어. 하지만 이미 생태계가 너무 많이 훼손되어 개체 수 회복이 쉽지 않다고 해.

인도가비알 • 75

아낌없이 주는 아빠 물고기
가시고기

이름처럼 등에 톱날 같은 가시가 돋아 있는 가시고기! 비록 어른 엄지손가락 정도밖에 안 되는 작은 몸이지만 자식 사랑만큼은 대단하다는데요. 과연 얼마나 지극한 사랑인지 다 같이 지켜볼까요?

🌐 한국, 중국, 일본 등 아시아 지역   📏 5~6cm   🍴 깔따구의 유충, 실지렁이, 물벼룩 등

등에 6~10개, 배의 앞뒤로 1개씩 가늘고 날카로운 가시가 달린 민물고기야. 몸길이는 어른의 엄지손가락 정도로 아주 작아.

알고 있니? 몸에 난 가시는 등지느러미, 배지느러미, 뒷지느러미의 단단하고 뾰족한 줄기가 가시로 변형된 거야.

"가시가 톱날 같아서 자를 수 있겠어."

"사실은 지느러미의 일부분이었어."

물살이 느리고 얕은 하천의 물풀이 많은 곳에 살아. 1·2급수 이상의 맑고 깨끗한 물에서만 살아서 '수질 판별기'라는 별명이 붙여졌어.

"내가 사는 곳이 바로 오염되지 않은 청정 지역이지~"

"내 애를 낳아 줘~"

번식기(4~8월)가 되면 수컷은 배 부위가 흑청색으로 변하며 혼인색을 띠어.

몸은 전체적으로 회녹색을 띠고 옆면에 연갈색의 불규칙한 가로무늬가 있어.

눈물 터짐 주의!

수컷은 수초로 둥지를 지어 암컷을 유혹하고 암컷은 알을 낳자마자 떠나. 수컷은 아무것도 먹지 않고 밤낮으로 둥지를 지켜. 알이 부화해서 새끼들이 둥지 밖으로 나올 즈음엔 기력이 다해서 죽고, 새끼의 먹이가 돼. 이런 헌신 덕분에 새끼들의 생존율은 90%가 넘어.

"먹는 시간도 아껴 가며 새끼들을 잘 지키겠소!"

"새끼들아. 잘 먹고 잘 자라렴."

"도망가자!"

가시고기는 물에 놓아주는 게 금지된 물고기야. 아무 데나 풀어 준다면 붉은귀거북이나 황소개구리 같은 외래어종에게 잡아먹히기 때문이야.

멸종 위기 생물이 된 결정적 이유!

물이 너무 더러워져서….

가시고기는 절절한 부성애로 유명한 물고기야. 작가들이 가시고기의 자식 사랑에서 영감을 받아 소설, 영화, 연극, 드라마 등의 많은 창작물을 만들거든. 하지만 정작 자연 속에서는 가시고기를 보기가 아주 어려워.

> 가시고기? 실제로는 한 번도 못 본 거 같은데~

> 공사로 물이 더러워졌는데 어떻게 살겠어? 나도 못살아~

그 이유는 바로 가시고기가 사는 서식지가 각종 개발 공사로 파괴되었기 때문이야. 또 가시고기들에게 가장 중요한 하천의 수질이 환경 오염 등으로 너무 더러워진 탓이지.

> 이상하네? 여기 1급수엔 산다고 했다는데 가시고기가 안 보여.

다행히 우리나라 해양수산기관에서 가시고기를 민물에 방류하는 사업이나 가시고기의 인공 종자 생산 기술을 개발하는 등 멸종을 막기 위한 노력을 펼치고 있어. 하지만 이런 노력에 앞서 자연환경이 회복되지 않는다면 살아 있는 가시고기를 보기 어려워질 거야.

> 우리가 멸종되지 않도록 계속해서 노력할게~

> 이제 걱정하지 말고 깨끗한 물에서 자유롭게 살렴~

> 고마워요! 박사님들!

멸종 위기 생물이 된 결정적 이유!
꺽지와 너무 닮아서….

꺽저기는 우리나라와 일본의 일부 지역에 서식하는 희귀종 물고기야. 우리나라의 경우 1945년 이후 낙동강에서 약간, 탐진강에서 32마리, 거제도에서 3마리만 발견됐거든. 꺽저기의 개체 수가 이렇게 적어진 데에는 하천 정비로 서식지가 파괴되고 모래나 자갈을 많이 채취했기 때문이야.

그중 꺽저기를 가장 억울하게 만드는 이유는 우리나라 하천에서 흔히 볼 수 있는 꺽지와 생김새가 비슷하다는 거야. 사람들이 꺽저기를 꺽지로 알고 별생각 없이 잡는 경우가 많거든.

하지만 자세히 보면 꺽저기와 꺽지의 다른 점을 찾아볼 수 있어. 멸종 위기에 놓인 꺽저기를 보호하기 위해서는 하천 보호와 함께 꺽저기의 특징을 잘 기억해 두는 게 좋겠지?

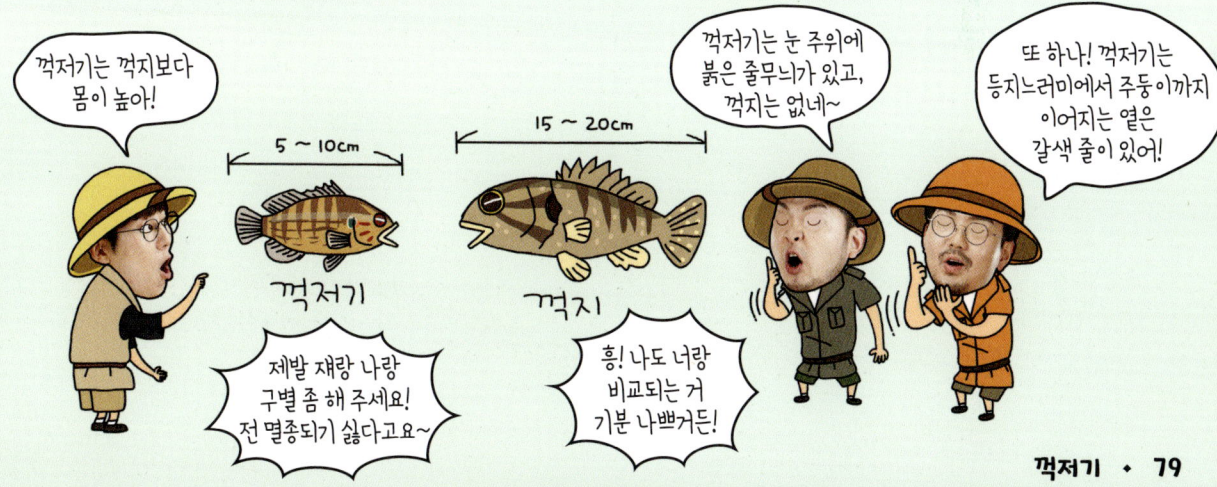

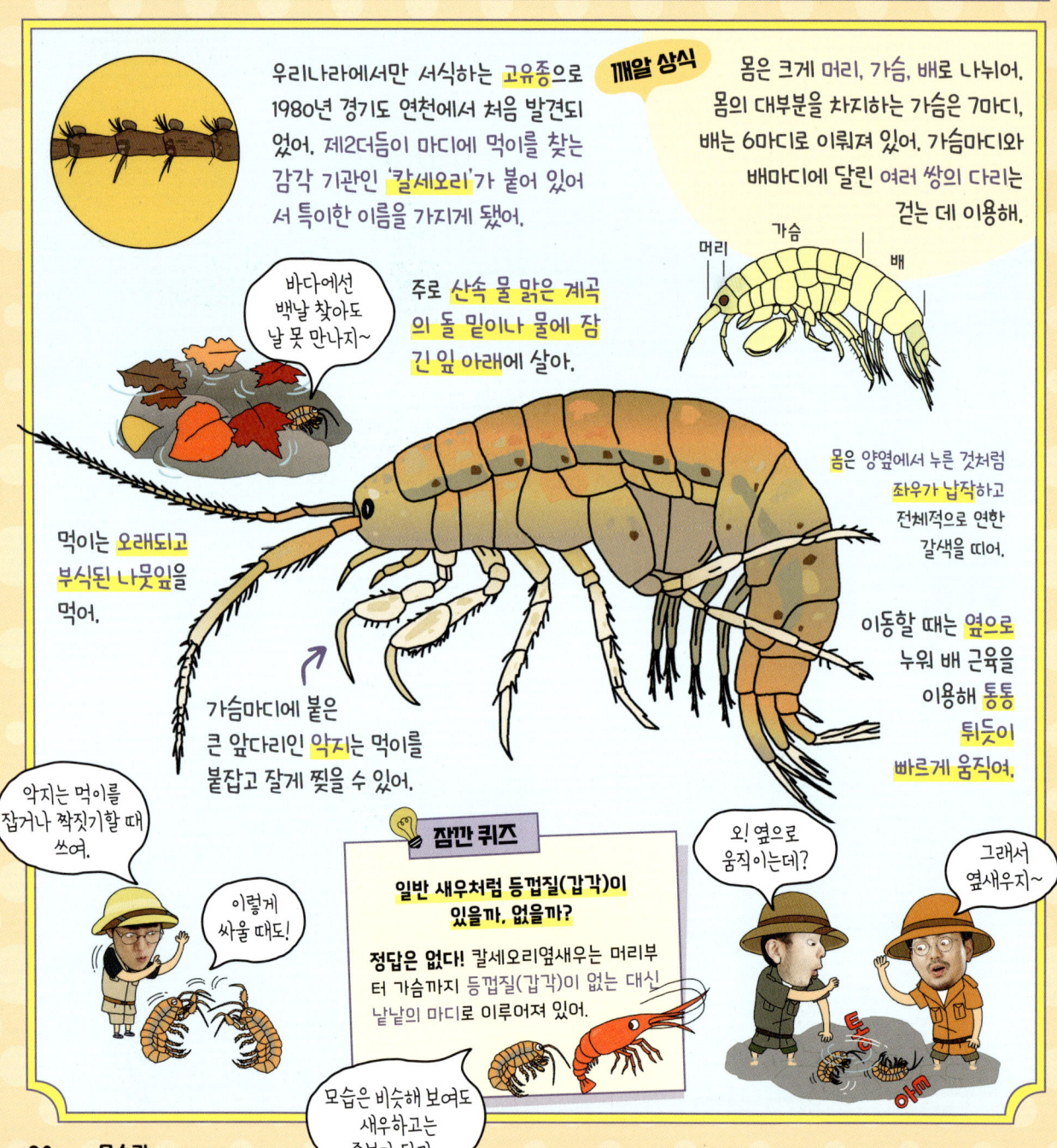

멸종 위기 생물이 된 결정적 이유!
깨끗했던 1급수 물이 사라져서….

옆으로 통통 튀어 헤엄치는 칼세오리옆새우! 산속 깨끗한 1급수 계곡물에서만 사는 까다로운 친구야. 그래서 우리나라에서는 수질 오염도를 알 수 있는 지표종으로 활약하고 있어.

수온은 20℃ 이하!

수질은 1급수!

이 조건이 갖춰지지 않으면 우린 못 살아.

여기가 바로 칼세오리옆새우가 산다는 1급수 계곡인데….

아잉~ 근데 모두 떠났나 봐~

불만 사항이 있으면 다 들어줄 테니 어서 나와~!

이쪽!

하지만 최근엔 칼세오리옆새우를 보는 것 자체가 힘들어졌어. 각종 개발 공사와 농업용수 사용으로 환경이 오염되면서 서식지가 파괴되었기 때문이야. 칼세오리옆새우가 처음 발견된 경기도 연천군도 개발 공사 때문에 더 이상의 개체가 발견되지 않고 있어.

비상! 비상! 인간들이 나타났다!

인간의 손이 닿지 않는 곳으로, 더 멀리 떠나자!

다행히 연천군 인근의 청산리, 백의리와 인천 백령도에서 칼세오리옆새우가 서식하고 있는 게 관찰되었지만, 서식지 환경을 보호해 주지 않는다면 그땐 영원히 사라지고 말 거야.

진흙에 사는 용
양쯔강악어

용일까? 악어일까? 중국 양쯔강에 사는 용을 닮은 동물! 그 이름은 바로 양쯔강악어! 과연 신화 속에 등장하는 용을 얼마나 닮았는지 한번 확인해 볼까요?

🌐 중국 양쯔강   📏 약 1.5~2m   🍽 달팽이, 도마뱀, 물고기, 쥐, 곤충 등

의외의 식성!

알고 있니? 양쯔강악어는 약 2억 3천만 년 전부터 살아온 동물이야. 단단한 비늘과 짧은 다리가 신화 속의 용의 모습과 닮아서 '진흙에 사는 용'이라는 별명이 있어.

"내 덩치가 작아서 먹이도 작은 게 좋아~"

"용? 용은 난데?"

"내가 바로 진흙에 사는 용이란 말씀!"

물고기, 쥐 등도 먹지만 최애 먹이는 달팽이!

꼬리는 척추를 따라 톱날 모양의 돌기가 나란히 뻗어 있어.

뼈처럼 단단한 비늘로 덮여 있고, 전체적으로 녹색이 도는 먹색이야.

"좀 무뎌 보이는데 그래도 아프겠지?"

"궁금하면 한번 물어 볼까요?"

"아~ 따듯해!"

낮에는 햇볕을 쬐며 체온을 올리고, 밤에는 활발해지는 야행성!

주둥이는 끝이 둥글넓적하고 짧아. 약 72~76개의 이빨이 나 있는데, 끝이 무딘 편이야.

4개의 다리는 짧고 물갈퀴는 그리 발달하지 않았어.

"이제 나가 볼까?"

악어 중에서 가장 몸집이 작은 편.

깨알 상식

강가 밑바닥이나 진흙 속에 굴을 파고 들어가 겨울잠을 자.

"따뜻한 봄에 만나~"

성질은 온순해서 사람을 공격하지 않아. 그래서 '세상에서 가장 점잖은 악어'로 불려.

멸종 위기 생물이 된 **결정적 이유!**

나 말고도 몸에 좋은 약은 많다고요!

중국의 신화나 전설에 등장하는 상상의 동물인 용!
그 용의 모델이 되었을 걸로 추정되는 동물이 바로 양쯔강악어야.

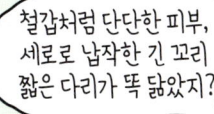

"철갑처럼 단단한 피부, 세로로 납작한 긴 꼬리 짧은 다리가 똑 닮았지?"

"글쎄…. 내가 훨씬 더 멋진 거 같은데?"

양쯔강악어는 1950년대까지만 해도 양쯔강과 황허강 유역에서 흔히 볼 수 있는 동물이었어. 그러나 1970년대 후반부터 서식지가 파괴되고 환경이 심각하게 오염되면서 개체 수가 급격히 줄어들었어. 2003년에는 100마리도 채 남지 않을 정도가 되었지. 무엇보다 양쯔강악어가 급격히 줄어든 결정적 이유는 감기를 예방하고 암을 치료하는 데 효과가 좋다는 소문이 돌아 마구잡이로 사냥했기 때문이야.

하지만 다행히도 중국 정부에서 양쯔강 근처에 대규모의 서식지를 복원해서 약 200마리까지 개체 수를 늘렸다는 반가운 소식이 전해지고 있어.

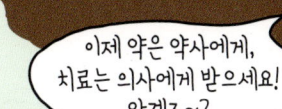

흰 수염 민물고기
흰수마자

입 주변에 4쌍의 긴 흰 수염이 눈에 띄는 흰수마자! 위험이 닥치면 작은 몸을 민첩하게 움직여 모래 사이로 쏙쏙 숨는 모습이 아주 귀여운데요. 흰수마자의 또 다른 매력은 무엇인지 함께 살펴볼까요?

🌐 한강, 임진강, 금강, 낙동강 등 📏 6~10cm 🐛 수서 곤충의 애벌레

알고 있니?

우리나라의 낙동강, 임진강, 금강, 한강 수계의 일부 하천에서만 발견되는 한국 고유종이야.

몸은 길쭉하며 머리에서 꼬리로 가면서 점점 가늘어져. 머리는 위아래로 납작한 편이야.

"하천 바닥에서 살기 딱 좋은 체형이라고~!"

6~10cm
위아래로 납작한 머리
길쭉한 체형

등 쪽은 어두운 갈색을 띠고, 배 쪽은 은백색을 띠어.

몸 가운데에는 6~8개의 검은 반점이 일렬로 배열되어 있어.

지느러미는 아무런 무늬 없이 투명해. 양쪽 가슴지느러미가 시작되는 부분의 배에는 비늘이 없어.

까다로움 주의!

사는 곳은 물풀이 없는 하천 바닥에 고운 모래가 1m 이상 쌓이고, 수심은 1m 이내인 여울이야. 여기에 수질은 2급수 이상으로 깨끗하며, 물의 흐름이 느린 곳이어야 해.

"'흰수마자' 하면 하얗고 긴 수염이지~"

"모래 이불을 덮고 있잖아?"

"지금은 모래 속에서 쉬는 시간이에요~!"

깨알 상식

흰수마자의 입수염은 길쭉하며 입가에 1쌍, 턱 아랫부분에 3쌍이 있어. 입수염의 색깔이 흰색이라 '흰 수염을 가진 민물고기'라는 뜻의 흰수마자라는 이름이 붙었어.

"모래가 많은 하천 바닥에 사는구나?!"

"몰랐어요?!"

하루의 대부분을 하천 바닥의 모래 속에서 생활하고, 자정부터 새벽 3시 사이에 모래 밖으로 나와서 먹이 활동을 해.

멸종 위기 생물의 **뜻밖의 소식**
사라졌다 돌아왔는데 또 사라졌다고?

흰수마자는 2000년대까지 한강, 임진강, 금강, 낙동강에 폭넓게 살았지만 2012년부터 모습을 감췄어. 우리나라의 주요 4대강(한강, 낙동강, 금강, 영산강) 유역을 정비하는 '4대강 사업'으로 서식지가 파괴되고 수질이 오염되었거든.

"잠깐만~ 흰수마자야, 갑자기 왜 떠난다는 거야?"

"우린 이런 곳에서 살 수 없거든요!"

"글쎄 우리가 사는 하천을 정비한대요~"

"바닥을 파면 수위도 높아지고, 모래도 사라져서 못 살아요~"

그러던 2019년! 흰수마자가 금강에 돌아왔다는 반가운 소식이 전해졌어.

2017년부터 4대강의 생태계 복원을 위해 금강의 공주보를 시작으로 11개 보의 수문을 열자, 오랫동안 자취를 감췄던 흰수마자가 나타난 거야.

"와~! 흰수마자가 돌아왔다!"

"돌아와 줘서 고마워!"

"너무너무 반가워!"

"이제 다시 여기에서 살 수 있겠어요!"

"보의 수문을 열면서 강바닥에 모래 여울이 생겼더라고요."

그러나 최근 다시 안타까운 소식이 들리고 있어. 2024년 4월부터 홍수 예방과 가뭄 방지를 위해 금강의 세종보, 공주보 등의 수문을 다시 닫기로 한 거야. 만약 이대로 수문이 열리지 않는다면 모래 쌓인 여울이 사라져 흰수마자를 다시는 볼 수 없을지도 몰라.

"자꾸 수문을 열었다 닫았다 왜 이러는 거야. 정말!!"

"어휴~ 이삿짐도 쌌다 풀었다 지겹다! 지겨워~"

"어쩌겠어. 그래도 우린 모래 쌓인 여울이 없으면 안 되는 걸~"

한강에 사는 납작이
한강납줄개

몸의 중앙부터 이어진 푸른 줄무늬가 신비해 보이는 한강납줄개! 이름처럼 정말 '한강'이 고향일까요? 한강납줄개의 고향에 얽힌 슬픈 사연을 함께 알아볼까요?

🌐 한강, 주천강, 무한천, 대천천 등 📏 5~10cm 🐟 플랑크톤, 수서 곤충의 애벌레 등

한강에서 최초로 발견되었어. 시베리아, 만주 일대에 사는 납줄개와 같은 종인 줄 알았다가 2001년에야 우리나라 한강에 서식하는 새로운 종으로 밝혀졌어.

수질이 깨끗하고, 물이 느리게 흐르며 자갈이나 돌이 깔린 얕은 강에서 살아. 그리고 산란을 위해 꼭 말조개가 있어야 해.

💡 잠깐 퀴즈
한강납줄개는 어디에 알을 낳을까?
정답은 말조개의 아가미! 암컷의 산란관을 말조개에 넣어 그 속에 알을 낳아. 조개 몸속에서 부화된 새끼는 스스로 헤엄칠 수 있을 때 밖으로 나오지. 반대로 말조개의 새끼들도 한강납줄개가 산란할 때 비늘이나 아가미에 붙어서 멀리 이동할 수 있어.

입이 작아서 수서 곤충의 애벌레 같은 작은 먹이를 좋아해.

작은 머리에 비해 눈은 커. 입은 작고 입수염이 없어.

비늘은 기와지붕처럼 겹겹이 포개져 있어.

나 대신 새끼들 좀 멀리 이동시켜 줘~

내 알을 품어 줘서 고마워!

아하! 서로 도와주는 사이구나?

손바닥만 한 크기로 몸은 옆으로 납작하고 몸높이가 높은 편이야.

몸의 뒷부분에 진한 청색의 세로줄이 있어.

산란기가 되면 암컷은 알을 배출하는 산란관이 몸 밖으로 길게 늘어나. 수컷은 몸이 더 검어지고 청색 세로줄이 더 진해져. 또 주둥이에는 좁쌀보다 작은 돌기들이 돋아.

살 곳도, 알을 낳을 말조개도 모두 없어졌어….

생각보다 작고 귀여운데?

알고 있니?
한강납줄개의 멸종을 앞당기는 원인!
① 하천 정비로 서식지 훼손!
② 마구 버려진 농약으로 수질 오염!
③ 하천 주변의 축사에서 나오는 오염물!

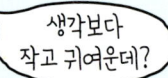

내 껍데기는 공사 장비에 다 깨졌어.

멋있게 변하셨군요!

그대를 유혹해야 하니까~

멸종 위기 생물의 뜻밖의 소식

한강납줄개의 고향은 한강이 아니다!

한강납줄개는 오직 한강에만 서식하는 것으로 알려져서 이름에 '한강'이라는 단어가 붙여졌어. 그런데 한강납줄개의 고향이 한강이 아니라는 사실!

최근 한강납줄개가 한강과 멀리 떨어져 있는 충남 청양군의 무한천, 충남 보령시의 대천천, 강원도 횡성군의 주천강 등에서도 서식하는 게 발견되었거든. 그러면 한강납줄개의 원래 고향은 셋 중 어디인 걸까?

한강납줄개 연구자들은 세 지역에 사는 개체들의 유전자를 비교하고, 이를 토대로 이동 경로를 추적해 봤어. 그 결과 한강납줄개의 고향은 무한천도 아닌 한강도 아닌 중국 황허강의 수계를 따라 우리나라로 이동해 온 것으로 추정된다고 해. 그러니 이제 이름 논란은 그만!

한강납줄개 • 87

멸종 위기 생물이 된 결정적 이유!

4대강 사업 때문에 여울이 사라져서….

꾸구리는 전 세계에서 오직 우리나라 하천에만 사는 '고유종'이며, 민물고기 중에서 유일하게 눈을 떴다 감았다 하는 '희귀종'이야. 하지만 안타까운 사실은 개체 수가 너무나 빠르게 줄어들고 있는 '멸종 위기종'이라는 것이지.

꾸구리가 멸종 위기에 처한 건 서식지인 여울이 사라졌기 때문! 우리나라에서는 2008년부터 2013년까지 홍수와 가뭄에 대비하고 생태계를 복원하자는 취지로 하천을 정비하는 4대강 사업을 추진했어. 그런데 이 사업으로 바닥의 흙과 자갈 등을 퍼내고, 가뭄을 대비한 물을 댐이나 보에 가두면서 크고 작은 여울들이 사라졌어. 또 물살이 느려지고 깊어지면서 더 이상 꾸구리들의 모습을 찾아볼 수 없게 되었지.

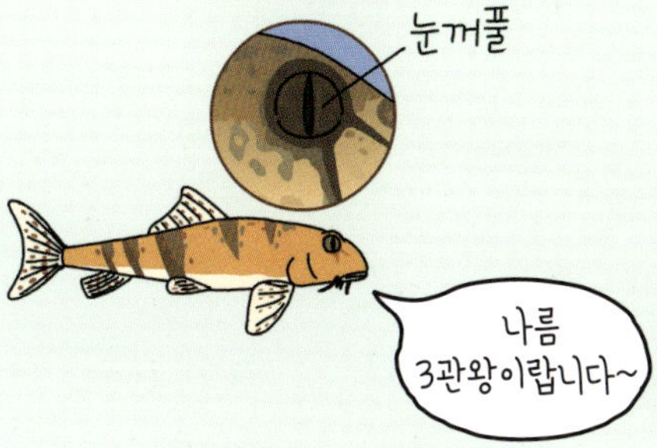

멸종 위기 생물이 된 **결정적 이유!**

도둑게와 너무 닮아서….

취약 멸종 위기 등급

선명한 오렌지 빛깔의 몸통과 집게다리가 눈에 띄는 붉은발말똥게! 연안 개발이나 간척 사업으로 <mark>서식지가 오염되거나 사라져</mark> 개체 수가 많이 줄었는데, 또 다른 위협이 생겨서 걱정이라고 해.

"붉은발말똥게야, 벌써 봄인데 왜 아직도 안 나오니?"

"오잉? 너랑 닮았는데?"

"바로 쟤 때문이에요!"

"안녕? 난 도둑게야!"

"와! 예쁜 도둑게야~ 잡아다 집에서 키우자!"

"좋지!"

그건 바로 <mark>붉은발말똥게와 생김새나 색깔이 비슷한 도둑게 때문이야.</mark> 도둑게가 반려동물로 인기가 많다 보니 사람들이 <mark>붉은발말똥게를 도둑게로 착각하고 마구 채집하거든.</mark>

"말똥게들아, 너희들과 닮아서 미안."

"우린 도둑게가 아냐!"

"우리를 제발 놓아 줘!"

"난 집게발에 돌기가 없이 매끈! 등딱지에 웃는 표시가 있다면 바로 저랍니다!"

"헉! 진짜 구별하기 힘들게 닮긴 닮았구나! 이제 차이점을 알았으니 잘 구별할게!!"

우리가 멸종 위기종을 보호하고 지키려면 <mark>서식지를 보호하고 관리하는 게</mark> 중요해. 하지만 그보다 먼저 <mark>생물에 대한 정확한 정보를 알리는 것이야</mark>말로 멸종을 막는 방법이 아닐까?

붉은발말똥게

도둑게

"난 집게발에 돌기가 있고 색이 더 선명하다고."

바다의 검은 다이아몬드
큰철갑상어

커다란 몸에 단단하고 빛나는 비늘이 덮여 있는 큰철갑상어! 큰철갑상어란 이름과 달리 온순한 성격을 가진 대형 물고기지만, 오히려 사람들에게 위협받고 있다는데요. 무슨 일인지 함께 알아볼까요?

🌐 카스피해와 흑해 연안   📏 1.4~3.3m   🐟 잉어, 연어, 다른 종의 대형 물고기, 갑각류 등

멸종 위기 생물이 된 결정적 이유!

인간의 사치스러운 입맛 때문에….

큰철갑상어는 지난 180여 년 동안 개체 수가 무려 95%가량 줄어서 심각한 멸종 위기에 처해 있어. 그 이유는 바로 캐비아 때문이야. 캐비아는 원래 생선알을 소금에 절인 젓갈류를 뜻하는데, 주로 소금에 절인 철갑상어의 알을 일컫는 말로 쓰여.

캐비아의 왕중왕이자 최고봉은 바로 큰철갑상어의 알로 만든 벨루가 캐비아야. 최소 15년 이상 자란 큰철갑상어에게서 얻을 수 있는데 알의 크기가 크며, 크림처럼 부드러운 식감에 호두 향이 나서 캐비아 중에서도 가장 비싼 값에 거래돼. 그래서 '검은 흑진주', '바다의 검은 다이아몬드'라는 별명이 붙었어.

비싼 가격에도 불구하고 최고의 맛을 원하는 사람들은 많아. 그래서 돈을 노린 불법 포획이 멈추지 않고 있지. 인간의 사치스러운 입맛이 큰철갑상어를 멸종시키지 않으려면 보다 강력한 규제가 필요할 것 같아.

큰철갑상어 • 93

멸종 위기 생물이 된 결정적 이유!
지나친 보양식 사랑 때문에….

취약 멸종 위기 등급

토토아바는 멕시코 정부에서 포획을 금지하는 멸종 위기종이야. 하지만 어민들은 감시를 피해 몰래몰래 그물을 쳐 놓고 잡을 기회를 노려. 토토아바의 부레가 중국이나 홍콩의 지하 시장에서 엄청나게 비싼 값에 거래되기 때문이야.

아니, 대체 토토아바 부레가 얼만데 그래요?

소곤소곤

1kg당 약 2만 달러에서 8만 달러!

헉! 우리나라 돈으로 약 2,700만 원~1억 원?!

고마워! 이 귀한 걸! 피부에도 엄청 좋다더라~

임신이 안 되는 사람이 이 부레를 먹으면 바로 애가 생긴대~

토토아바의 부레는 보양식을 사랑하는 중국인들 사이에 만병통치약으로 소문이 나서 없어서 못 사는 품목이야. '부의 상징'으로 진열해 놓기도 하고, 홍콩 일부 지역에서는 결혼식 선물로도 인기가 그만!

하지만 토토아바 부레의 효능은 정식으로 확인된 바 없는 소문일 뿐이야. 그런데도 부레를 사려는 사람이 많으니 값이 올라가고, 부레를 팔아 돈을 벌려는 사람이 줄지 않는 악순환이 이어지고 있어.

웃챠! 안 돼요!

계속 우리를 잡으면 우린 곧 멸종되고 말 거예요. 우리 잡으려고 친 그물에 걸려 죽는 바키타돌고래도.

흑 흑 흑

갯벌의 청소부 갯게

보랏빛의 단단한 등딱지에 뭐든 뚝 잘라 버릴 것 같은 집게발을 가진 갯게! 흔한 게처럼 생겼지만 실물 구경하기가 하늘의 별 따기라는데요. 어떤 특징을 가진 게인지 함께 알아볼까요?

🌐 한국, 일본, 대만, 중국 일부 지역   📏 4~5cm   🍴 해조류, 곤충, 조개, 생물의 사체 등 잡식성

멸종 위기 생물이 된 결정적 이유!

갯벌을 뒤덮은 해양 쓰레기 때문에….

취약
멸종 위기 등급

갯벌에 사는 갯게는 이름이 평범해서 흔한 게 같지만, 실제로는 갯벌에서 한 마리도 찾아보기 힘들어. 서식지도 드물고, 한 서식지마다 사는 개체 수도 3~10마리에 불과해. 갯게는 왜 이렇게 희귀종이 된 걸까?

기본적으로 갯게는 알에서 부화해서 성체로 자라기까지의 생존율이 매우 낮아. 게다가 다른 종들보다 까다로운 서식 조건에서 생활하고 있지. 하지만 서식지는 인간의 편의를 위한 해안 도로 건설, 간척과 매립, 하구 정비 등 각종 개발 공사로 대부분이 사라졌고, 그나마 남은 서식지에는 해양 쓰레기가 밀려와 생존을 위협하고 있어.

현재 해양수산부에서는 갯게 인공 증식에 성공하여 약 2,000마리를 바닷가에 방류하는 등 개체 수를 늘리기 위한 노력을 펼치고 있어. 하지만 아무리 개체 수를 늘려도 서식지가 계속 오염되고 훼손된다면 앞으로는 갯게를 영영 볼 수 없을지도 몰라.

멸종 위기 생물이 된 **결정적 이유!**

사람을 해친다는 오해 때문에….

백상아리는 아직 과학적으로 밝혀진 생태나 습성이 많지 않은 신비의 동물이야. 그러나 백상아리가 멸종 위기에 처했다는 것만은 틀림없는 사실이야. 다양한 이유로 백상아리의 개체 수가 급격히 줄어들고 있거든.

"아니, 왜??"

"도대체 인간들 때문에 못 살겠어요!"

"가뜩이나 지구 온난화로 먹잇감이 줄어들어 살기 힘든데, 샥스핀 때문에 너무 많은 동료가 잡혀 죽잖아요."

그중에서도 백상아리의 멸종을 더 빠르게 하는 결정적인 이유는 ==사람을 잡아먹는 '식인 상어'라는 오해 때문이야.== 호주처럼 해안가에 관광객이 많은 나라에서는 사람들의 안전을 이유로 매년 수십 마리의 백상아리를 사살하거든. 게다가 인간을 해치는 동물은 보호할 필요가 없다는 주장이 많아서 멸종 위기종임에도 보호받지 못하고 있어.

"특히!! 영화 '죠스'를 보고 우리를 식인 상어로 오해해서 멸종 위기에 몰렸다고요!"

하지만 그거 알아? ==해마다 사람을 해치는 백상아리의 수보다 사람이 죽이는 백상아리의 숫자가 훨씬~ 훨씬~ 많다는 사실!==

"오잉? 그럼 너희들, 사람은 안 먹는단 말이야?"

"살짝 문 게 죽음으로 이어진다는 게 함정이군."

"오해라고요, 오해! 우린 그저 눈이 나빠서 물개인 줄 알고 살짝 깨문 것뿐이라고요~"

백상아리 수가 이보다 더 급격하게 줄어든다면 해양 생태계의 균형도 잃고 말 거야. ==백상아리를 무조건 사살하기보다는 사람과 서로 안전하게 살 수 있는 방법을 찾아봐야 할 것 같아.==

바다의 귀요미 판다
바키타 돌고래

눈 주위에 까만 반점이 있어서 판다를 꼭 닮은 바키타돌고래! 몸집도 작고 통통해서 이보다 더 귀여울 순 없는데요. 어떤 특성을 가진 생물인지 함께 알아볼까요?

🌐 멕시코 캘리포니아만 일대　📏 130~150cm　🍴 작은 물고기, 오징어, 새우 등

멸종 위기 생물이 된 결정적 이유!
토토아바와 같은 바다에 살아서….

위급
멸종 위기 등급

지구상에서 가장 작고 귀여운 바키타돌고래! 그러나 이렇게 귀여운 돌고래가 최악의 멸종 위기에 처해 있어. 1997년에 567마리가 관찰되었는데, 이후 개체 수가 급격히 줄어들어서 현재는 새끼 1마리를 포함해 10~13마리만 남은 걸로 추정되고 있어.

이렇게 된 결정적인 이유는 바키타돌고래와 같은 서식지에 사는 크기가 비슷한 '토토아바'라는 물고기 때문이야. 토토아바의 부레는 중국에서 요리 재료로 아주 비싸게 팔리는데, 토토아바를 잡으려고 불법으로 쳐 놓은 '자망'이라는 그물에 바키타돌고래가 걸려 죽는 거야.

전문가들은 자망을 사용한 어업을 중단하면 앞으로 50년 뒤 바키타돌고래의 멸종 확률을 6%로 줄일 수 있다고 해. 그러나 멕시코 정부의 규제에도 불구하고 토토아바 사냥으로 한밑천 잡으려는 사람들은 여전히 불법 자망을 치고 있어.

황제펭귄
남극의 신사

언제나 까만색의 연미복을 멋들어지게 차려입고 있는 황제펭귄! 펭귄 중에서 유일하게 남극 대륙에만 살며, 남극의 혹독한 겨울에 번식하는데요. 과연 남극의 추위를 이겨 내는 비결이 뭔지 알아볼까요?

🌐 오직 남극 대륙　📏 100~130cm　🐟 물고기, 오징어, 크릴새우 등

지구상의 펭귄 중 가장 몸집이 커.

허허! 내 키가 좀 크지~

와, 크다!

날개는 퇴화해서 날지 못하고 항상 차렷 자세를 하고 있어. 몸이 유선형이라 헤엄을 잘 치고 잠수도 잘해.

부리는 길고 검은색이며 가장자리가 주황빛을 띠어.

500m

수심 500m까지 잠수할 수 있어!

귀와 목 주변은 밝은 오렌지색이야.

잠깐 퀴즈
황제펭귄의 알은 누가 품을까?
정답은 수컷! 암컷은 알을 낳고는 바로 바다로 먹이를 구하러 나가. 그 사이 수컷이 발등에 알을 올려놓고 지키는데 아무것도 먹지 못해서 몸무게가 40%나 빠지지.

배는 하얗고 등은 까매서 꼭 신사들이 입는 연미복을 입은 것처럼 보여.

남극의 얼음물에 젖어도 우린 끄떡없어.

새끼는 회색 솜털로 덮여 있는데 성장하면서 방수 기능과 추위를 견딜 수 있는 검은 깃털로 털갈이를 해.

아빠가 땅에 안 떨어뜨리고 잘 지켜 줄게~ 아빠만 믿어!

저도 빨리 어른이 되고 싶어요.

어서 모여! 뭉치면 살고 흩어지면 얼어 죽어!

발가락 사이에는 물갈퀴가 있어.

한가운데 온도는 30℃ 정도로 따뜻하대.

알고 있니?
남극은 겨울에 영하 약 40도까지 내려갈 정도로 추워. 그래서 황제펭귄들은 추위를 견디기 위해 몸과 몸을 바싹 붙인 채 원 모양으로 겹겹이 서서 바람을 버텨.

쌩 쌩 덜덜덜

멸종 위기 생물이 된 결정적 이유!

남극의 해빙이 점점 사라져서….

<mark>해빙이 뭐냐고?</mark> 바닷물이 얼어서 만들어진 얼음인데 <mark>남극의 해빙은 황제펭귄에게 아주 중요한 곳이야!</mark> 황제펭귄은 매년 4월쯤 짝짓기를 해서 알을 낳고 부화를 시켜. 그리고 새끼의 몸을 덮은 솜털이 바닷물에 젖지 않는 검은 깃털이 될 때까지 약 9개월 간 해빙 위에서 살아.

그런데 지구 온난화로 바닷물의 온도가 높아져 얼음이 잘 얼지 않아서 큰일이야! 그리고 원래 있던 해빙마저도 1월이 되기 전에 녹고 있어. <mark>해빙이 녹으면 아직 방수 깃털이 완성되지 않은 새끼 펭귄은 그만 차가운 바닷물에 빠져 죽거나 젖어서 죽고 말아.</mark>

<mark>전문가들은 이대로 지구 온난화가 계속된다면 2100년까지 황제펭귄의 99%가 사라질 것으로 예측해.</mark> 그러면 남극 얼음 위를 뒤뚱뒤뚱 걷는 귀여운 황제펭귄을 못 볼지도 몰라. 이 예측이 빗나가도록 지구 온난화를 막을 방법을 고민해 봐야겠지?

황제펭귄

붉은빛의 바다 수호자
붉은 바다거북

거대한 몸으로 깊숙한 바닷속에서 헤엄치는 붉은바다거북! 최근에는 안타까운 모습으로 해변에 나타날 때가 많다는데요. 무슨 일인지 알아볼까요?

🌐 전 세계 바다 📏 등갑 길이 80~105cm 🍴 물고기, 갑각류, 해파리, 오징어 등

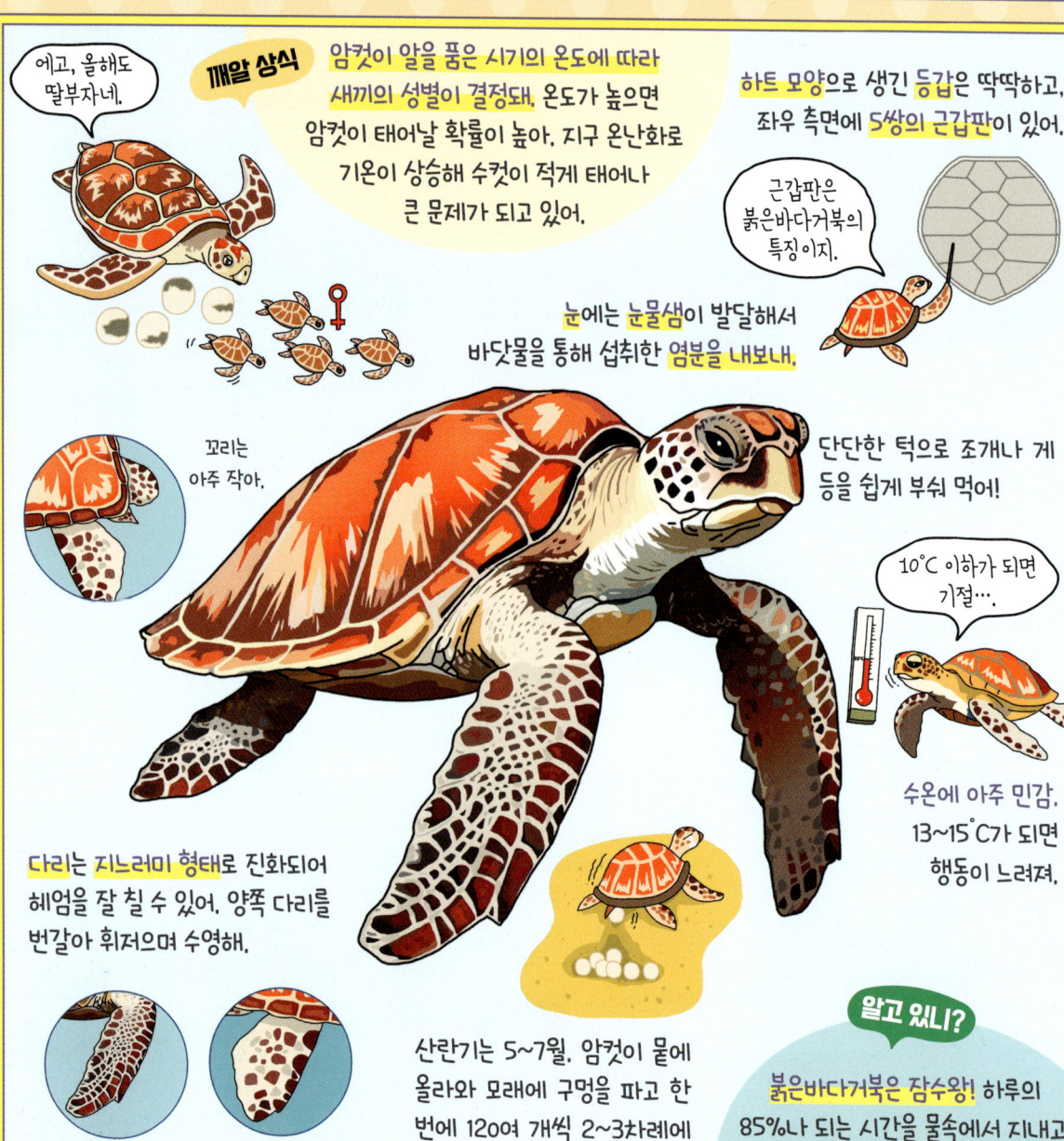

에고, 올해도 딸부자네.

깨알 상식 암컷이 알을 품은 시기의 온도에 따라 새끼의 성별이 결정돼. 온도가 높으면 암컷이 태어날 확률이 높아. 지구 온난화로 기온이 상승해 수컷이 적게 태어나 큰 문제가 되고 있어.

하트 모양으로 생긴 등갑은 딱딱하고, 좌우 측면에 5쌍의 늑갑판이 있어.

늑갑판은 붉은바다거북의 특징이지.

눈에는 눈물샘이 발달해서 바닷물을 통해 섭취한 염분을 내보내.

꼬리는 아주 작아.

단단한 턱으로 조개나 게 등을 쉽게 부숴 먹어!

10°C 이하가 되면 기절…

수온에 아주 민감. 13~15°C가 되면 행동이 느려져.

다리는 지느러미 형태로 진화되어 헤엄을 잘 칠 수 있어. 양쪽 다리를 번갈아 휘저으며 수영해.

앞다리 뒷다리

산란기는 5~7월. 암컷이 뭍에 올라와 모래에 구멍을 파고 한 번에 120여 개씩 2~3차례에 걸쳐 알을 낳아.

알고 있니?
붉은바다거북은 잠수왕! 하루의 85%나 되는 시간을 물속에서 지내고, 15~30분 정도 잠수는 가뿐!

멸종 위기 생물이 된 **결정적 이유!**

해양 쓰레기를 해파리로 착각해서···.

붉은바다거북은 전 세계 바다에서 다양한 먹이를 섭취하며 해양 생태계의 건강한 균형을 유지해 주는 고마운 생물이야. 그런데 최근에는 세계 곳곳의 해변에서 <u>크게 다치거나 죽은 모습으로 발견</u>되고 있어.

<u>원인은 인간이 버린 해양 쓰레기야.</u> 어부들이 사용하고 버린 폐그물이나 올가미 등에 걸려 다치거나 죽는 거지.

또 비닐봉지나 플라스틱 조각 등을 해파리로 착각하고 먹어서 장이 막히거나 구멍이 뚫려 고통스럽게 죽는 경우도 많아.

이건 비단 붉은바다거북의 죽음으로만 끝나는 게 아니야. 붉은바다거북이 멸종되면 해양 생태계의 균형이 깨지고, <u>언젠가 반드시 인간에게 부메랑이 되어 돌아올 거야.</u>

넓적부리도요
따오기
까막딱따구리
뿔쇠오리
스픽스마코앵무
괌물총새
레이산오리
꿀빨이새
캘리포니아콘도르
뿔제비갈매기
노랑부리백로
카카포
먹황새
두루미
저어새

우아한 날갯짓에 숨은 슬픈 사연

하늘관

넓적부리도요

깜찍한 비행가

어른 손 한 뼘 남짓한 작은 체격이 너무나 깜찍한 넓적부리도요! 체구는 작지만 엄청난 체력왕이에요. 해마다 수천 km를 날아서 이동하는 비행가거든요. 또 어떤 능력이 있는지 알아볼까요?

🌐 러시아에서 동남아를 횡단하는 철새 📏 14~17cm 🍴 갯지렁이, 작은 새우류 등

멸종 위기 생물의 뜻밖의 소식

전설의 따오기가 우포늪에서 부활하다!

와! 중국에서 온 4마리가 590여 마리로 늘어났어.

그중 100여 마리가 야생에 살며 자연 번식도 했대.

얘들아, 자연으로 날아가서 건강하게 오래오래 살아 줘~

우포늪

경남 창녕군에 있는 따오기복원센터에서는 2019년부터 매해 따오기를 우포늪 자연으로 방사하고 있어. 이 따오기들은 2008년과 2013년에 중국에서 들여온 암컷 한 마리와 수컷 세 마리로부터 인공 번식한 개체들이야.

가장 최근인 2024년 5월에는 9번째 야생 방사가 있었는데, 이날 방사된 50마리는 평범한 따오기들이 아니야. 1차로 건강한 개체를 골라 3개월 동안 5가지 야생 적응 훈련 프로그램을 거쳐 뽑힌 우수한 따오기들이지.

1단계 먹이 사냥 훈련

2단계 장거리 비행 훈련

3단계 무리 지어 사는 사회성 훈련

4단계 사람, 차량에 대한 적응 훈련

5단계 우렁이를 잡아먹는 훈련

이날 우포늪을 향해 힘차게 날아간 따오기들은 추후 복원센터의 모니터링을 통해 활동하는 위치나 영역, 생존 여부, 이동 패턴 등을 지속적으로 관찰, 보호받을 예정이야. 겨울마다 따오기들이 떼 지어 날아오길 기대해 보자고!

멸종 위기 생물이 된 결정적 이유!
너무 보기 좋게 숲을 가꿔서….

까막딱따구리는 <mark>유럽과 북아시아에서는 흔히 볼 수 있는 새야.</mark> 그러나 유독 우리나라에서는 까막딱따구리의 모습을 보기가 어려워. 그래서 <mark>천연기념물이자 보호종으로 지정되었어.</mark>

왜? 우리나라 숲이 마음에 안 들어?

그런 건 아니고, 썩은 나무가 없어서 그래요!

여기 있는 나무들이 별로야?

안 돼요!! 썩은 나무가 둥지 뚫기도 좋고, 벌레들도 많단 말이에요~

<mark>까막딱따구리는 주로 썩은 나무에 둥지를 만드는 걸 좋아해.</mark> 썩은 나무는 무른 편이라 원하는 대로 구멍을 만들기 쉽고, 습도 조절도 잘 되기 때문이지. 하지만 사람들이 숲을 안전하고 보기 좋게 가꾸기 위해 <mark>고사목들을 지나치게 베어 버리면서 서식지를 잃어버리게 된 거야.</mark>

이렇게 다 베면 우리가 살 곳이 없다고요!

위잉~ 위잉~

이 나무도 베어 버리자고!! 건강한 나무 아니면 싹 다 없애는 게 낫지!

까막딱따구리가 우리나라에서 멸종되지 않고 함께 살아가기 위해서는 고사목을 무조건 베어 버리거나 농약을 쓰기보다 좀 더 자연스러운 방법으로 관리해 보는 게 어떨까? 그러면 까막딱따구리의 둥지가 다양한 생물들의 쉼터가 될 수 있고, 썩은 나무는 솎아져서 보다 건강한 숲을 유지할 수 있을 거야.

멸종 위기 생물의 **뜻밖의 소식**

뿔쇠오리 때문에 마라도 길고양이가 쫓겨났다?!

관심
멸종 위기 등급

우리나라 국토의 가장 남쪽에 위치한 섬 마라도! 이 섬에는 해마다 2월이 되면 특별한 손님이 찾아와. 바로 세계적인 멸종 위기종 뿔쇠오리! 그것도 200여 마리씩이나!

그러나 섬 곳곳에서 뿔쇠오리의 사체가 발견되면서 문제가 됐어. 범인은 마라도에 사는 길고양이들! 마라도엔 원래 고양이가 없었는데 20여 년 전에 어망을 망가뜨리는 쥐를 잡으려고 데려온 고양이들에게 뿔쇠오리들이 공격당한 거야.

물론 뿔쇠오리의 개체 수 감소가 고양이 때문만은 아니었어. 하지만 마라도 측은 논의 끝에 2023년 3월 45마리의 고양이를 포획해서 섬 밖으로 내보냈어. 그리고 섬 밖으로 내보내진 20여 마리 고양이들이 잘 지낼 수 있게 제주도에 고양이 도서관도 짓는다고 하니 너무 걱정하지는 마~

뿔쇠오리 • 115

멸종 위기 생물의 **뜻밖의 소식**

스픽스마코앵무, 브라질 밀림을 다시 날다!

브라질의 파랑새로 불리는 스픽스마코앵무는 1980년대에 이미 멸종 위기종으로 분류되었고, 2001년 이후로 야생에서 모습을 감추었어. 그리고 급기야 2019년에는 멸종이 선언되었지.

이런 상황에도 다행스러운 건 동물원 등의 시설에서 60~80마리가 보호되고 있다는 거였어. 브라질 정부는 남은 개체를 번식하여 약 177마리까지 늘리고, 그중 일부를 야생으로 돌려보내는 훈련까지 시켰지.

그 결과 2022년 6월에 스픽스마코앵무 8마리를 브라질 북동부 카링가의 보호 구역에 성공리에 방사했고, 12월에도 일부 개체를 방사했어. 이때 방사된 한 쌍이 두 마리 새끼를 낳아 마침내 멸종되었던 스픽스마코앵무가 부활한 거야!

멸종 위기 생물이 된 결정적 이유!
침입자 호주갈색나무뱀 때문에….

괌에서만 사는 아름다운 물총새인 괌물총새. 괌에서 흔히 볼 수 있는 새였지만 1988년을 끝으로 야생에서 더 이상 관찰되지 않고, 괌, 미국, 독일 등 동물원과 보호 시설에서 200여 마리가 길러지고 있어.
대체 괌물총새에게 무슨 일이 있었던 걸까?

"아! 자유롭게 날아다니고 싶다."
"너무 답답해!"

"여긴 먹을 것도 많고 너무 살기 좋군!"
"이 새는 어떤 맛일까? 하악!"
꺄악!
"어떡해!"

때는 제2차 세계 대전이 일어난 1940년대. 미군 군용 화물에 우연히 호주갈색나무뱀이 실려 들어왔어. 호주갈색나무뱀은 괌의 우거진 나무들을 타고 다니며 빠른 속도로 번식하여 괌물총새를 비롯한 토종 새들을 먹어 치웠어.

뒤늦게 이 사실을 알게 된 미국 정부는 2010년까지 매년 약 1,800만 달러의 예산을 들여 호주갈색나무뱀 퇴치 작업을 벌였어. 그리고 30여 년간 인공 증식에 노력을 기울여 야생에 돌려보내려고 계획하고 있어. 머지않아 괌물총새가 숲에서 훨훨 날고 있다는 소식이 들려오길 바랄게.

"역시 뱀이 없는 이곳이 내가 살던 곳이지!"
"괌에 사는 호주갈색나무뱀을 모조리 잡아 버리겠어!"
"우린 그냥 먹이 사냥을 했을 뿐이라고요."
"억울해!"
"그래도 너무 심하잖아! 괌에 사는 새들이 멸종할 위기라고!"
"자~ 이제 너희들 살던 곳으로 가거라~"

괌물총새

날지 못하고 달리는 오리
레이산 오리

눈 주위에 하얀색의 고리가 있어 눈길을 사로잡는 레이산오리!
19개의 크고 작은 섬들로 이루어진 하와이 제도 중 레이산섬에만 살고 있다는데요. 다른 곳에서는 절대 볼 수 없는 이 오리의 모든 것을 알아볼까요?

🌐 하와이 제도의 레이산섬   📏 약 40cm   🍽 무척추동물, 수초, 식물의 잎, 씨앗 등

멸종 위기 생물이 된 결정적 이유!

배에 실려 온 검은 쥐 때문에….

레이산섬에서 발견된 레이산오리는 원래 하와이 제도의 모든 섬에서 평화롭게 살았어. 그러나 1800년대 말, 하와이 제도에 한 척의 배가 들어오면서 평화가 깨지고 말았어. 배에 반갑지 않은 손님이 타고 있었던 거야.

검은 쥐에게 하와이 제도는 천국이었어. 자기들을 잡아먹는 포식자는 하나도 없는데, 잡아먹을 동물은 사방에 널려 있었거든. 그중에서도 재빨리 날아서 도망치지 못하는 레이산오리는 최고의 먹잇감!

결국 쥐들의 무차별 공격에 레이산오리가 멸종 위기에 이르고, 앨버트로스와 제비갈매기 같은 새들도 큰 피해를 보았지. 그러자 미국 어류·야생동물관리국은 쥐를 박멸하기 위해 2019년에 헬기를 이용해 쥐약을 섬에 투하했어.

멸종 위기 생물의 **뜻밖의 소식**

노래를 못 배워 결혼을 못 해!

꿀빨이새는 태어나서 1년쯤 자랄 때까지 어른 새에게 노래를 배워. 암컷에게 구애하는 법, 영역 표시, 먹이 위치를 공유하는 법 등 살아가는 데 필요한 기술을 노래로 배워. 특히 짝짓기를 위한 노래는 번식을 위해 아주 중요하지.

그런데 연구 결과, 요즘 꿀빨이새 수컷의 12%는 정확한 짝짓기 노래를 모른다고 해. 원래 꿀빨이새들의 노래를 다르게 부르거나, 아예 다른 새의 짝짓기 노래를 따라서 부른대. 그 이유는 꿀빨이새 개체 수가 너무 줄어들어서 어린 수컷 새들이 노래를 가르쳐 줄 어른 새를 찾지 못했기 때문이야.

가장 큰 문제는 수컷의 엉뚱한 노래를 들은 암컷들이 자기와 다른 종이라 여겨 짝짓기를 피한다는 거야. 이것은 번식 실패로 이어져 개체 수를 더욱 줄이는 악순환을 낳고 있어. 호주의 한 연구팀에서는 개체 수를 늘리기 위해 인공 증식 프로그램 과정 중 꿀빨이새에게 미리 녹음해 둔 어른 꿀빨이새의 노래를 들려주고 있다고 해. 꿀빨이새의 멸종을 막기 위해서는 노래 선생님부터 찾아 줘야 할 것 같아.

동물 사체 킬러
캘리포니아 콘도르

털이 없는 주황색 머리에 온몸을 까만 털로 감싼 캘리포니아콘도르! 넓은 날개를 활짝 펼치고 하늘에 커다란 원을 그리며 나는 모습을 보면 정말 멋있어 보여요. 캘리포니아콘도르는 어떤 새일까요?

🌐 미국, 멕시코　📏 109~127cm　🍖 대형 동물의 사체, 소형 동물, 파충류 등

원래 북아메리카 대륙에 널리 분포했으나 지금은 캘리포니아, 그랜드캐니언 등 북아메리카 서부에 극히 소수의 개체가 살아.

날개는 북미에 사는 새 중 가장 큰 날개를 가졌어. 활짝 펼쳤을 때의 길이가 2.7~3m.

머리는 작고 털이 없는 피부가 그대로 드러나 있어. 머리 피부 색깔은 기분에 따라 붉은 주황색에서 노란색으로 바뀌며 감정을 표현해.

한번 날면 약 250km 이상 날아가고 약 4,600m까지 높이 날 수 있어.

쳇, 기분 나빠!

부르르

난 화났거든!

눈은 적갈색이며, 땅 위에 있는 생물의 작은 움직임까지 볼 수 있을 정도로 시력이 좋아.

깃털은 전체적으로 검은색. 목 주위에는 길고 부드러운 검은 깃털이 둘려져 있어.

목은 분홍빛인데 앞면의 색깔이 더 불그스름해.

오줌 싸는 게 아니라 체온 조절 중이에요!

충격 주의!
미국 샌디에이고 동물원에 있는 암컷 캘리포니아콘도르 두 마리는 수컷과 짝짓기를 하지 않고 혼자서 새끼를 낳았어. 수컷 콘도르가 죽자, 멸종의 위협을 느껴 본능적으로 짝짓기 없이 번식한 거야.

전 아빠가 없어요?

응, 엄마 혼자 낳았거든.

이게 뭐야. 오줌이잖아!

아악! 촤아악!

깨알 상식
땀을 내서 몸의 온도를 조절할 수가 없어. 그래서 날아다니는 중에 자신의 발에 오줌을 싸서 체온을 낮춰.

멸종 위기 생물이 된 **결정적 이유!**

그저 먹이를 먹었을 뿐인데….

캘리포니아콘도르의 식성은 오싹오싹 무서워. 신선한 먹이를 놔두고 하필 죽은 동물의 고기만 뜯어 먹거든. 질병을 전파하는 매개체를 없애는 역할을 해서 '야생의 청소부'라는 별명을 얻었지만, 이런 식성 때문에 심각한 멸종 위기를 겪고 있어.

캘리포니아콘도르가 즐겨 먹는 먹잇감은 사냥꾼들이 쏜 총탄에 맞아 죽은 동물들이야. 그런데 이 총탄이 납으로 만든 거라서 죽은 동물의 몸을 납으로 오염시키고, 그걸 콘도르가 먹으면 납 중독에 걸려 죽는 거야.

캘리포니아주는 지난 50여 년간 캘리포니아콘도르를 번식시켜 야생으로 돌려보내는 노력을 해 왔어. 그러나 야생에서 먹이를 먹고 납 중독에 걸리는 일이 반복된다면 캘리포니아콘도르의 멸종은 막을 수 없을 거야.

신비의 철새
뿔제비갈매기

머리에 뿔이 난 것처럼 삐죽 솟은 검은 깃털을 가진 뿔제비갈매기! 생김새가 너무나 독특해서 멀리서도 존재감이 돋보이는데요. 과연 어떤 생물 특징을 가졌는지 함께 알아볼까요?

🌐 여름(한국, 중국), 겨울(인도네시아, 필리핀 등) 📏 30~35cm 🍴 작은 물고기, 새우 등

멸종 위기 생물이 된 결정적 이유!
이유가 너무 많아서 말잇못….

"우리가 멸종되는 이유가 너무 많은데 어디 한번 말해 줘 봐?"

해마다 전남 영광군 육산도에 찾아오는 반가운 손님, 뿔제비갈매기! 그러나 전 세계에 113~124마리밖에 남지 않아 심각한 멸종 위기에 처해 있어. 대체 뿔제비갈매기의 개체 수가 이토록 감소한 이유는 뭘까?

"컥, 이렇게 이유가 많다니!"

가장 직접적인 멸종 원인은 해양 오염과 남획으로 인한 먹이 감소, 번식지 지역 주민들의 알 채취와 사냥, 태풍으로 인한 둥지 훼손, 큰제비갈매기와의 교잡 등이 있어. 그리고 뿔제비갈매기가 서식하는 중국 동부 해안을 개발하는 대규모 사업들이 있기 때문이지.

원인 하나! 해양 오염과 먹이 부족!

원인 둘! 태풍 등의 자연재해!

원인 셋! 무분별한 알 채취!

"뿔제비갈매기들아, 내년에 또 찾아오렴!"
"우리가 잘 관리하고 보호할게~"
"언제든 격하게 환영할게!"
"오케이! 육산도를 고향으로 삼고 해마다 올게요~"
"안녕~!"

그러나 다행스럽게도 뿔제비갈매기의 다섯 번째 번식지인 육산도는 생태계 보전을 위해 사람의 출입이 통제되고 있어서 사람의 방해를 적게 받아. 주변 바다보다 깨끗하고 먹이도 풍부하지. 또 태풍의 영향도 적고 큰제비갈매기를 만날 가능성도 작아서 번식지로 유리해.

멸종 위기 생물의 뜻밖의 소식
노랑부리백로의 비밀이 밝혀지다!

노랑부리백로는 <mark>매해 여름 우리나라 서해안의 섬에서 번식하고,</mark> 필리핀 등 동남아시아 지역에서 겨울을 보내는 여름 철새야. 그러나 그동안 번식지와 월동지 외에는 알려진 게 없었어.

이에 우리나라의 국가철새연구센터는 백령도에서 태어난 어린 새에게 위치 추적기를 부착하여 <mark>2년간 이동 경로를 추적 관찰했어.</mark> 그 결과 상세한 이동 경로가 밝혀졌지.

이를 통해 노랑부리백로는 태어난 곳을 떠나 월동지에서 2년을 머문 뒤 알을 낳을 수 있는 어미 새가 되면 태어난 곳으로 되돌아와 첫 번식을 한다는 사실을 알게 되었어. 그러니까 <mark>우리나라가 노랑부리백로에겐 참 중요한 장소이자 고향인 거지!</mark>

멸종 위기 생물이 된 결정적 이유!

한 번도 천적을 본 적 없어서….

위급
멸종 위기 등급

카카포는 뉴질랜드에서 애완용으로 기를 정도로 가장 흔한 새였어. 그런데 현재 남아 있는 개체 수는 불과 200여 마리! 카카포의 개체 수가 이렇게 적어진 이유는 뭘까?

1700년대에 유럽인들이 뉴질랜드를 식민지로 삼아 몰려왔는데, 이때 고양이, 쥐, 개, 족제비 등이 따라 들어오면서 방어 능력이 없는 카카포의 천적이 되었지. 결국 수십만 마리였던 카카포는 1990년대 중반에 50여 마리까지 줄어들고 말았어.

이에 뉴질랜드 환경 당국이 지속적인 보존 노력을 펼쳐 250여 마리의 개체로 늘어났고, 이 카카포들은 천적이 없는 뉴질랜드 남서부 3개의 무인도에서 보호, 관리되고 있어. 그리고 모든 카카포에게 '엘리스, 제인, 시로코' 등 이름을 붙여 정확하게 관리하기 위해 노력하고 있어.

멸종 위기 생물의 **뜻밖의 소식**

사라진 먹황새가 56년 만에 부활한다!

관심
멸종 위기 등급

먹황새는 겨울철에 한반도를 지나가는 철새지만, 예전에는 우리나라에서 서식하는 텃새이기도 했어. 그러나 무분별한 하천 개발과 오염 등으로 서식지와 먹이가 줄어들면서 개체 수가 급감했고, 1968년 경북 안동 도산면 가송리 절벽에서 관찰된 걸 마지막으로 사라져 버렸어.

그런데 2024년에 반가운 소식이 전해졌어. 먹황새가 한국에서 사라진 지 56년 만에 복원 사업이 시작된 거야. 그 첫 작업으로 일본에서 어린 먹황새 6마리를 들여왔어. 그리고 순차적으로 여러 나라에서 총 20마리의 어린 먹황새를 데려와 우리나라에 적응 훈련을 거친 후 방사할 계획이야.

만약 복원 사업이 성공리에 진행되어 먹황새가 방사된다면 하천 생태계에 긍정적인 영향을 끼칠 것으로 기대하고 있어. 개구리, 뱀, 곤충 등을 잡아먹는 먹황새 덕분에 하천에 다양한 생물이 서식하게 되어 생태계가 균형을 이루며 건강해질 거야. 신비로운 먹빛의 먹황새가 꼭 부활하기를 응원하자고!

먹황새 • 133

멸종 위기 생물이 된 결정적 이유!
전봇대 전선에 걸려서···.

취약 멸종 위기 등급

두루미는 예로부터 행복, 평화, 장수, 부부애 등을 상징해서 새해가 되면 연하장에 자주 등장하는, 주변에서 흔히 보는 새였지. 그러나 지금은 전 세계에 3천여 마리밖에 안 될 정도로 국제적 멸종 위기 조류의 상징이 되었어.

"예로부터 두루미는 장수와 행운을 상징하는 새였어!"

"우리 두루미 봤으니 소원 빌자!"

근하신년

꽤애액 / 아~악! / 쩌쩌릿 / 무, 무슨 일이야?!

두루미의 개체 수가 이렇게 감소한 이유는 서식지 감소, 산업 개발, 알 채집 등 여러 가지가 있어. 그리고 전 세계 두루미의 약 30%가 찾아오는 우리나라에서 유독 문제가 되는 이유도 있어. 그건 바로 전봇대 전선에 걸려 다치거나 죽는 사고야.

이렇게 전선 사고가 잇따르자 관련 기관에서는 두루미 서식지에 있는 전선이 눈에 잘 보이도록 표식을 부착하거나 전봇대를 아예 없애는 작업을 하고 있어. 조금 불편하더라도 두루미가 안전하게 날 수 있는 방법을 찾고 직접 실천하는 것! 그게 바로 멸종을 막는 길일 거야.

"이렇게 표식을 해 놓으니 전선에 걸릴 염려가 없네!"

"천천히 오라고~"

"어이 친구들! 난 다리 다 나으면 뒤따라갈게~"

"두루미들아, 우리가 위험한 방해물들을 치워 줄게."

두루미 · 135

도리도리 까만 주걱
저어새

주걱처럼 생긴 기다랗고 까만 부리를 물속에서 휘휘 젓는 저어새!
한 번 보면 잊히지 않는 독특한 생김새와 행동 때문에 더욱 눈길이 가요.
도대체 저어새는 물속에서 무엇을 저렇게 열심히 찾고 있는 걸까요?

🌐 한국, 대만, 홍콩, 일본 등   📏 60~84cm   🍴 작은 물고기, 개구리, 조개 등

멸종 위기 생물이 된 결정적 이유!

갯벌 개발만 안 했어도….

위기
멸종 위기 등급

"슬슬 추워지니 고향으로 가 볼까?"

"웰컴! 코리아~"

==전 세계 저어새의 90% 정도가 여름내 우리나라 서해안의 무인도나 작은 암초에서 번식하며 지내.== 태어난 곳이 고향이라면 저어새의 고향은 바로 우리나라겠지?

"흑, 살기 좋던 우리 고향이 왜 이리 변했을까…."

"다시 예전으로 돌아가고 싶어."

간척지 매립 공사

1950년대까지만 해도 저어새는 우리나라 논이나 해안에서 흔히 볼 수 있었어. 하지만 ==1980년대 서해안을 개발하면서 저어새의 터전인 갯벌이 매립되자 먹이 활동을 할 수 없어 개체 수가 크게 줄어들었어.== 1988년 무렵에는 전 세계 저어새가 300마리도 되지 않을 정도가 되었지.

다행히 국제적으로 ==저어새 보호를 위한 노력이== 펼쳐졌어. 우리나라에서는 저어새의 주요 번식지인 인천시 강화군 일대의 강화 갯벌을 천연기념물로 지정해 보호하고 있지.

"저어새야, 반갑다~ 와 줘서 너무너무 고마워~"

인공섬

또 2009년에는 ==인천 남동구 송도 유수지의 인공섬에서== 저어새 24쌍이 번식을 시작했는데, 현재 전 개체 수의 10% 정도가 여기서 번식하고 있어. 저어새는 아직 멸종 위기종이지만 약 6,600마리까지 늘어나고 있으니 지속적인 관심과 노력으로 지켜 내야겠지?

생물 이름 가로세로 낱말 퍼즐

어쩌면 사라질지도 모르는 우리들을 기억해 줘!

어쩌면 사라질 사파리는 잘 둘러보셨나요? 안타까운 사연들의 생물들이 참 많았어요. 얼마 남지 않은 이 생물들을 꼭 잊지 말자고요! 자, 그럼 가로·세로 힌트를 읽고 빈칸에 들어갈 생물 이름을 맞춰 볼까요?

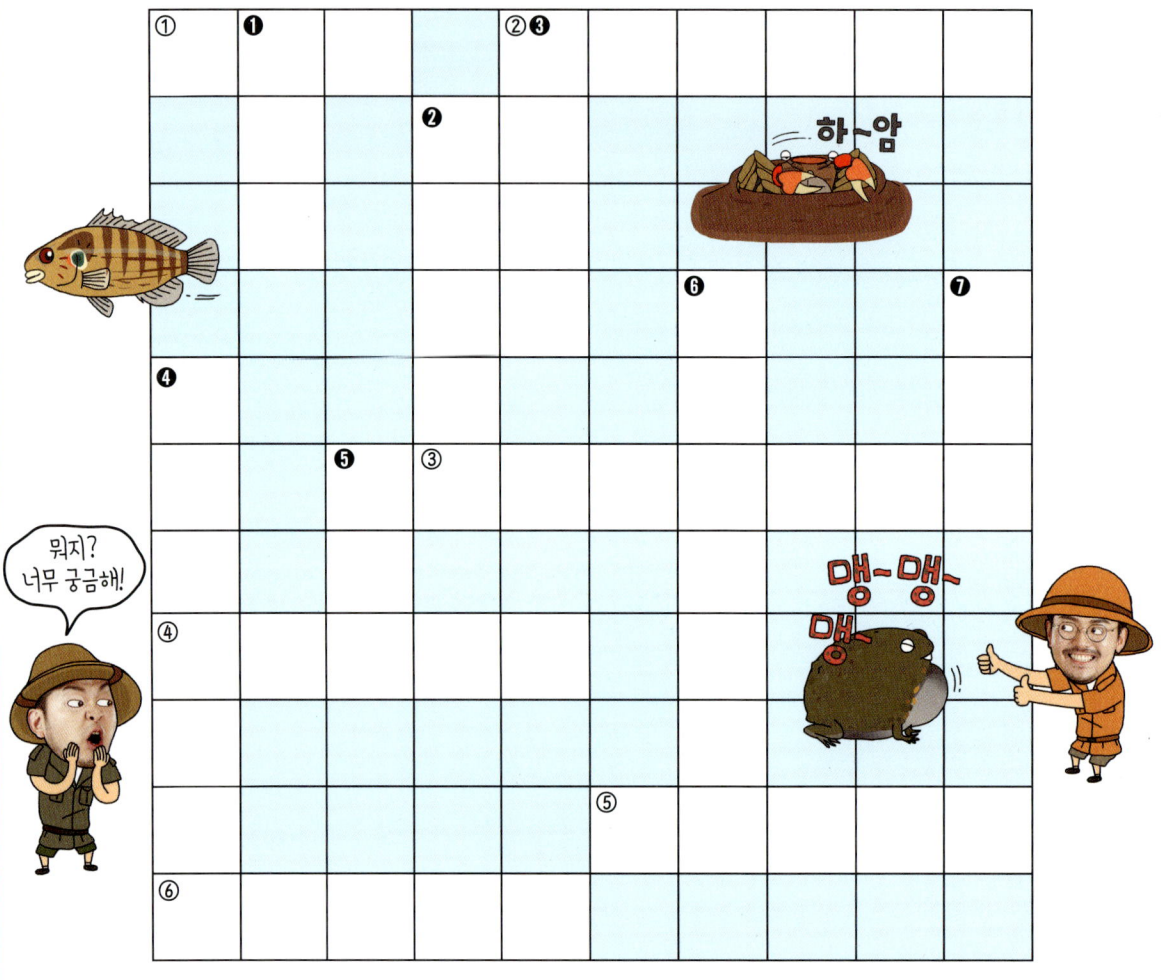

◆ 가로 낱말

① 눈이 4개인 것처럼 보이게 아가미덮개에 청록색 반점이 있어.
② 집게다리가 붉고 몸에서 말똥 냄새가 나며, 도둑게와 많이 닮았어.
③ 손목부터 손끝까지 하얗고, 팔이 몸길이의 2배나 되는 나무 타기의 달인이야.
④ 세계 4대 희귀 동물로, 피부 보호를 위해 투명하고 끈적끈적한 액체를 분비해.
⑤ '포켓몬스터'에 나오는 '토대부기'의 실제 모델로 머리와 등갑에 초록색 머리카락이 자라.
⑥ 날개에 있는 무늬가 '대모거북'의 등딱지 무늬와 닮은 잠자리야.

◆ 세로 낱말

❶ 주걱 모양의 부리를 얕은 물에 넣고 휘휘 저으며 먹이를 찾아.
❷ 부레가 만병통치약으로 소문나서 마약류인 코카인에 맞먹을 정도로 값이 비싸.
❸ 어두컴컴한 동굴이나 폐광에 살며, 햇빛이 비치면 황금빛으로 반짝여.
❹ 높은 산악 지대에 살며, 사체 곁에서 뒹굴며 좋아하는 습성이 있어.
❺ 새해 연하장에 자주 등장하며 전봇대 전선에 걸리는 사고가 끊이지 않아.
❻ 뒷날개 아랫면에 은백색 줄무늬가 있으며 석주명 박사가 이름을 붙여 줬어.
❼ 번식기가 되면 수컷의 울음주머니가 흑색으로 변하고 시끄럽게 울며 암컷을 유혹해.

알립니다! 가로세로 낱말 퍼즐의 정답이 궁금하면 QR코드를 로드해 보세요!

원작 에그박사

재미있고 유익한 자연 생물 콘텐츠로 사랑받는 인기 생물 크리에이터로, 에그박사, 양박사, 웅박사가 뭉쳐 신비한 생물을 유쾌한 영상으로 담아내고 있습니다.

글 예영

글 쓰는 게 가장 힘들고 어려우면서도 글 쓸 때가 가장 즐겁고 행복한 작가입니다. 만화, 동화, 교양서 등 다양한 분야의 어린이책을 쓰고 있습니다. 그동안 쓴 책으로는 「닭답게 살 권리 소송 사건」, 「우리 학교가 사라진대요!」, 「에그박사의 역대급 사파리」, 「AI 닥터 스쿨」 등이 있습니다.

그림 유남영

만화를 전공하고 캐릭터 디자이너 겸 일러스트레이터로 활동 중입니다. 「에그박사의 닮은꼴 사파리」, 「에그박사의 역대급 사파리」, 「TV생물도감의 신비한 바다 생물」, 「지구에서 절대로 사라지면 안 될 다섯 가지 생물」 등 많은 책에 멋진 그림을 그렸습니다.

원작 에그박사 | **지은이** 예영 | **그린이** 유남영
펴낸이 정규도 | **펴낸곳** (주)다락원

초판 1쇄 발행 2025년 6월 16일
　　2쇄 발행 2025년 6월 27일

책임편집 김지혜, 박소영
디자인 김은지

다락원 경기도 파주시 문발로 211
내용문의 (02)736-2031 내선 272
구입문의 (02)736-2031 내선 250~252
Fax (02)732-2037
출판등록 1977년 9월 16일 제406-2008-000007호

Copyright ⓒ2025, 에그박사, 예영

※ 저자 및 출판사의 허락 없이 이 책의 일부 또는 전부를 무단 복제·전재·발췌할 수 없습니다.
※ 구입 후 철회는 회사 내규에 부합하는 경우에 가능하므로 구입 문의처에 문의하시기 바랍니다.
※ 분실·파손 등에 따른 소비자 피해에 대해서는 공정거래위원회에서 고시한 소비자 분쟁 해결 기준에 따라 보상 가능합니다.
※ 잘못된 책은 바꿔 드립니다.

ISBN 978-89-277-4821-2 73490

http://www.darakwon.co.kr
다락원 홈페이지를 통해 인터넷 주문을 하시면 자세한 정보와 함께 다양한 혜택을 받으실 수 있습니다.